Band 60

Schriften zum Notarrecht

Herausgegeben von der
Deutschen Notarrechtlichen Vereinigung e.V. (NotRV)

Herausgeber-Beirat
Notar Dr. Andreas Albrecht,
      Präsident der Landesnotarkammer Bayern
Prof. Dr. Walter Bayer,
      Institut für Notarrecht an der Friedrich-Schiller-Universität Jena
Prof. Dr. Hans Christoph Grigoleit,
      Forschungsstelle für Notarrecht der
      Ludwig-Maximilians-Universität München
Notar Prof. Dr. Peter Limmer,
      Institut für Notarrecht an der
      Julius-Maximilians-Universität Würzburg
Prof. Dr. Joachim Münch,
      Institut für Notarrecht der Georg-August-Universität Göttingen
Prof. Dr. Mathias Schmoeckel,
      Rheinisches Institut für Notarrecht der
      Friedrich-Wilhelms-Universität Bonn

Mathias Schmoeckel (Hrsg.)

Das Sachenrecht vor modernen Herausforderungen

Nomos

Onlineversion
Nomos eLibrary

Die Deutsche Nationalbibliothek verzeichnet diese Publikation in
der Deutschen Nationalbibliografie; detaillierte bibliografische
Daten sind im Internet über http://dnb.d-nb.de abrufbar.

ISBN 978-3-8487-7517-0 (Print)
ISBN 978-3-7489-3367-0 (ePDF)

1. Auflage 2023
© Nomos Verlagsgesellschaft, Baden-Baden 2023. Gesamtverantwortung für Druck
und Herstellung bei der Nomos Verlagsgesellschaft mbH & Co. KG. Alle Rechte, auch
die des Nachdrucks von Auszügen, der fotomechanischen Wiedergabe und der Übersetzung, vorbehalten. Gedruckt auf alterungsbeständigem Papier.

Zur Einleitung: Das Sachenrecht vor neuen Herausforderungen

Mathias Schmoeckel

Das von manchen als besonders stabil eingeschätzte Sachenrecht wird durch neue Praktiken der Gesellschaft aufgefordert, mit dem herkömmlichen Material neue Lösungen zu entwickeln. Monatsweise Eigentumsanteile an Ferienhäusern, die neue Sharing-Ökonomie etwa im Fall von PKW oder etwa die eigentumsrechtliche Trennung der teuren Photovoltaik vom Hausgrundstück verlangen eine ebenso klare wie innovative Lösung im Umgang mit den herkömmlichen Normen. Diese Herausforderung möchte der vorliegende Tagungsband verdeutlichen; erfüllen kann er sie jedoch nicht.

In vielen Rechtsgebieten kommt der Kautelarjurisprudenz die große Rolle zu, die Normen des Gesetzes den vielfältigen Bedürfnissen der Praxis anzupassen. Trotz oder gerade wegen des *numerus clausus* der Sachenrechte muss passend gemacht werden, was nicht als passend erscheint: die Einbeziehung von Anlagen für erneuerbare Energien als Bestandteil oder als Zubehör von Grundstücken oder neue Probleme im Bereich der beschränkten dinglichen Rechte. Hier aktualisiert sich die alte Frage, ob das Recht durch das Gesetz oder die Praxis gemacht wird.

Doch das Gesetz selbst war nichts anderes als eine Einschätzung des künftigen Bedarfs – angeleitet von einigen dogmatischen Überzeugungen des Gesetzgebers; das gilt insbesondere für das BGB. Tatsächlich waren in den 1870er Jahren dem Gesetzgeber des BGB in dieser Materie noch viele Fragen unklar. Die Gestaltung der Normen zu den beschränkten dinglichen Rechten erschien 1877 noch als eine künftig von der Rechtswissenschaft zu erledigende Aufgabe.[1]

Auch terminologisch herrschte Unklarheit: Traditionell sprach man hier von dem „ius in re aliena", denn sie wurden unweigerlich als Begrenzung eines fremden Eigentums aufgefasst. Dem Sprachgebrauch folgend wolle man eher dingliche Rechte statt „Rechte an Sachen" behandeln.[2]

---

1 *Hartmann*, Rechte an eigener Sache. Untersuchungen zur Lehre vom Eigenthumsrecht, 1877, 79.
2 *Planck*, Bürgerliches Gesetz nebst Einführungsgesetz, 3. Aufl., 1906, 6.

Strittig war dabei, ob man von „begrenzten" oder „beschränkten dinglichen Rechten" sprechen sollte.³

Bereits seit 1874 war klar, dass die herkömmlich etablierten *iura in re aliena* geregelt werden sollten. Nur die Rechte der gemeinrechtlichen Tradition sollten berücksichtigt werden, dabei sollte ein fester *numerus clausus* diese Rechte festlegen.⁴ Ausführlich diskutierte etwa Reinhard Jochow, der zunächst das Sachenrecht konzipierte, die traditionell bekannten Rechte.⁵ Doch von den Servituten, Emphyteusen, Superficiar-, Lehen- und Erbzinsgut-, Pfandrechten und Reallasten sowie vielen anderen mehr mussten einige ausgesondert werden.⁶ Bei den einzelnen Rechten wurde gestritten, einerseits zur Verteidigung der verschiedenen Traditionen, zum einen wegen wirtschaftlicher Bedürfnisse. So wurde geschlossen, dass es neben der „Konsenshypothek", aus der die Grundschuld entstand, wegen des allgemeinen Bedürfnisses noch eine akzessorische Hypothek geben sollte, wobei es noch offen blieb, welcher Tradition dieses Recht folgen sollte.⁷

Zugleich mussten diese Rechte in die Prinzipien des neuen Gesetzes eingepasst werden.⁸ Beispielsweise sollten solche Rechte begründet werden mit der Eintragung im Grundbuch sowie durch Rechtsgeschäft, verloren jedoch durch Verzicht, Vereinigung mit einem anderen Recht oder Lösung. Die Entscheidung für eine konstitutive Bedeutung der Eintragung hatte Preußen erst durch das Eigenthumerwerbungsgesetz vom 05.05.1872 getroffen.

Letztlich entwarfen die Väter des BGB eine Reihe von Rechten, die sie als für die Praxis wichtig erachteten. Es ist also eine spannende Aufgabe zu sehen, was aus diesen Rechten im Laufe der letzten über hundert Jahre entstanden ist. Die Bitte ging daher an die Autoren dieses Bandes, besonders über große Entwicklungen innerhalb dieser Rechtsfragen zu berichten, auch jenseits der genannten dogmatischen Fragen.

Johannes Richter wirft seinen Blick auf die moderne „Sharing Economy" insbesondere durch Mobiliarnießbrauch. Er greift damit das große,

---

3 *Mugdan*, 3. Band, Motive, 1899, Fn. 2.
4 *Johow*, Vorentwurf für die Bearbeitung des Sachenrechts, s. *Schubert*, Die Vorlagen der Redaktoren, Sachenrecht I, 1892, XXIX, sub. A.3, C.23.
5 *Johow*, Begründung der Vorschläge zu dem Entwurfe eines Einführungsgesetzes zu dem bürgerlichen Gesetzbuche vom Standpunkte des Sachenrechts,1882.
6 C. v. *Wächter*/O. v. *Wächter*, Pandekten: Besonderer Theil: Sachenrecht, Leipzig 1881, 201.
7 *Schubert*, Beratungen zu Vorfragen, 12. Sitzung vom 7.10.1876, 86-88.
8 *Mugdan*, 3. Band,1899, 75 = Motive, Band 3, 137.

schon vom BGB geregelte Recht des Nießbrauchs auf, zeigt jedoch auch die Bedeutung für Mobilien jenseits des § 1032 BGB auf.

Es ist Julius Forscher zu danken, der das Thema des Wohnungseigentums aufgriff, das als „Stockwerkseigentum" dem Schöpfer des BGB noch zu unsicher für eine Aufnahme in das Gesetz erschien. Doch auch seit seiner Schöpfung durch das Wohnungseigentumsgesetz vom 15.03.1951 hat sich dieses Recht weiterentwickelt, das zuletzt 2020 neu gefasst wurde. Auch hier stellt sich damit die Frage einer Überprüfung des Gesetzes. Klaus Oertel greift die Frage mehrerer Dienstbarkeits-Berechtigter auf und stellt so die klassische Perspektive des einen herrschenden und des einen dienenden Grundstücks in Frage. Patrick Meier thematisiert die sachenrechtliche Behandlung von Anlagen Erneuerbarer Energie. Schließlich stellt Leif Böttcher die Gestaltungsmöglichkeiten von Teilverkäufen von Grundstücken vor und ordnet ihre rechtlichen und wirtschaftlichen Implikationen ein.

Diese Themen überprüfen nicht nur einige Teile der Fragen im Bereich der beschränkten dinglichen Rechte. Sie zeigen vor allem aktuelle Fragen unserer gesellschaftlichen Entwicklung auf und untersuchen, wie leicht sich das BGB für diese neuen Themen öffnen lässt. Es ist wieder einmal eine Bereicherung, dass hier Wissenschaft und notarielle Einblicke in der Praxis zusammenwirken.

Zweifelsohne stellten sich hier eine Fülle weiterer Fragen, die jedoch erst noch weiter zu beschreiben wären, bevor eine Lösung diskutiert wird, was im Rahmen dieser Veranstaltung am 29.4.2022 nicht geleistet werden konnte. Insoweit musste dieser Band von vornherein auf Vollständigkeit verzichten. Vielmehr stellt er eher die Anregung dar, in diesem Bereich jene Fülle neuer Themen zu entdecken, die sich gegenwärtig ergeben und für Wissenschaft und auch Lehre als Anregungen herangezogen werden können.

Frau Helena Falke und dem hoch motivierten und qualifizierten Team des Rheinischen Institut für Notarrecht danke ich dafür, dass diese Veranstaltung trotz aller Schwierigkeiten in Zeiten von Corona und Krieg realisiert werden konnte. Sie haben die Beiträge unserer Autoren sorgsam begleitet und alles zur Druckreife gebracht. Dafür sei Ihnen herzlich gedankt.

Inhalt

Beschränkte dingliche Rechte und das WEG 11
Julius Forschner

Das Innenverhältnis mehrerer Dienstbarkeitsberechtigter 33
Klaus Oertel

Die Schaffung sonderrechtsfähiger Bestandteile eines Grundstücks
durch Dienstbarkeiten 67
Patrick Meier

Sharing Economy durch Mobiliarnießbrauch 87
Johannes Richter

Nichts Halbes und nichts Ganzes? – Zu Gestaltungen von
Teilverkäufen 111
Leif Böttcher

Autorenverzeichnis 125

Beschränkte dingliche Rechte und das WEG

Julius Forschner

I. Einleitung

Eine Beschäftigung mit der Geschichte des Wohnungseigentumsgesetzes ist wie eine Zeitreise in das Deutschland der Nachkriegsjahre. Das Ringen um die Einführung des Gesetzes war vor allem von Pragmatismus geprägt und dem Wunsch in großer Anzahl und kurzer Zeit eine Vielzahl von Wohnungen zu schaffen. Gleichzeitig war die Angst vor Geldentwertung groß und die Politik wollte der breiten Bevölkerung die Möglichkeit eröffnen, in Wohneigentum zu investieren, auch wenn das Geld für ein eigenes Grundstück nicht ausreiche. Ein Auszug aus den Sitzungsprotokollen des Bundestags zeigt dies eindrücklich. Am 31.01.1951 (in der 115. Sitzung des Deutschen Bundestages) erhielt der Berichterstatter Dr. Brönner (CDU) das Wort zum Entwurf des Gesetzes über das Eigentum an Wohnungen und gewerblichen Räumen, der aus den Reihen der FDP eingebracht wurde (BT-Drucks. 1/1802). Dort heißt es:

> „Damit habe ich eine andere wichtige Seite des Wohnungseigentums angeschnitten, nämlich die wertbeständige Anlage der Ersparnisse. Heute wird bekanntlich nicht mehr gespart, weil man Sorge hat, daß man sich für das Geld, das man jetzt spart, nach einem Jahr nicht mehr so viel kaufen kann wie heute. Die Erhaltung der Kaufkraft des gesparten Geldes ist die wichtigste Voraussetzung für das Sparen. Das Vertrauen ist durch die beiden Währungszusammenbrüche und die Preissteigerungen der letzten Zeit erschüttert. Man läuft Gefahr, ausgelacht zu werden, wenn man das Sparen empfiehlt, so notwendig es ist. Die wenigsten Menschen können ihre Ersparnisse in Sachwerten anlegen; die Masse der Menschen ist auf das Geldsparen angewiesen. Diesen Sparern wollen wir eine wertbeständige Geldanlage im Wohnungseigentum bieten. Wir haben die Hoffnung, daß das Wohnungseigentum zum Sparen anlockt und daß die bisherigen Sparer noch mehr auf die Seite bringen, um das Ziel möglichst bald zu erreichen."

Umso beeindruckender ist es, dass der Gesetzgeber die Zeit hatte, sich auch mit dogmatischen Feinheiten zu beschäftigen, bspw. mit der Frage, ob es möglich ist, einen mit Sondereigentum verbundenen Miteigentumsanteil mit einer beschränkten persönlichen Dienstbarkeit oder einer Grunddienstbarkeit zu belasten.[1]

Der ursprüngliche Referentenentwurf enthielt zur Belastung eines Wohnungseigentums eine eigenständige Regelung, die in ähnlicher Form im heutigen § 6 WEG Eingang in das Gesetz gefunden hat. § 5 des damaligen Entwurfes lautete:

(1) *Die im Sondereigentum stehenden Bestandteile des Gebäudes* können ohne den Miteigentumsanteil, zu dem sie gehören, nicht veräußert oder belastet werden.
(2) Rechte an dem Miteigentumsanteil erstrecken sich auf die zu ihm gehörenden, im Sondereigentum stehende Bestandteile des Gebäudes.

Im heutigen § 6 Abs. 1 WEG wurde dieser Wortlaut lediglich durch die Formulierung „Das Sondereigentum" ersetzt. Diese Historie ist noch heute für die Auslegung des Gesetzes hilfreich.

Schließlich tauchte in der Historie des Wohnungseigentumsgesetzes die Dienstbarkeit auch noch an anderer Stelle auf, namentlich als mögliche Alternative zur Schaffung eines eigenen Gesetzes zum Wohnungseigentum. Es wurde in Erwägung gezogen, dass eine beschränkte persönliche Dienstbarkeit gemäß § 1093 BGB das Wohnungseigentum obsolet machen könnte. Die Schwächen dieser Lösung liegen auf der Hand, sodass es erfreulich ist, dass der Gesetzgeber diesen Weg nicht gegangen ist.

Die folgende Darstellung will einige Probleme herausgreifen, die vor allem daraus resultieren, dass der Komplex „beschränkte dingliche Rechte und Wohnungseigentum" keine Regelung im Gesetz gefunden hat. Das BGB selbst kennt nur das Miteigentum nach Bruchteilen (§§ 1008 ff. BGB) und die Realteilung von Grundstücken, wobei letztere noch nicht einmal bzgl. ihrer Voraussetzungen geregelt ist, sondern lediglich an verschiedener Stelle im Gesetz vorausgesetzt wird (§§ 1025, 1026, 1109 BGB, vgl. auch für das Grundbuchverfahrensrecht § 7 GBO).[2] Zum Schluss soll versucht werden, die Regelungslücken zu systematisieren und herauszuarbeiten, ob es geboten wäre, spezielle Regelungen im Zusammenhang mit dem WEG zu schaffen.

---

1 Vgl. dazu die Begründung zum Referentenentwurf des Bundesjustizministeriums vom 22.09.1950, Az. 3440/1 – 4707/50, abgedruckt bspw. in: Partner im Gespräch Bd. 8, 1982 S. 157, 174.
2 Ausführlich BeckOGK-BGB/*Hertel*, 15.04.2021, § 890, Rn. 82.

II. Das bereits nach WEG aufgeteilte Grundstück als Gegenstand beschränkter dinglicher Rechte

Gedanklich zu unterscheiden sind die Fälle, in denen das bereits aufgeteilte Grundstück Gegenstand von beschränkten dinglichen Rechten werden soll,[3] von den Fällen, in denen das Grundstück nachträglich geteilt wird. Bei bereits bestehender Teilung stellt sich vor allem die Frage des richtigen Belastungsgegenstandes, bei nachträglicher Teilung die Frage des Schicksals der bereits bestehenden Rechte. Der folgende Abschnitt beschäftigt sich mit der ersten Variante, also mit dem bereits aufgeteilten Grundstück.

1. Das WEG-Grundstück als dienendes Grundstück

a) Belastungsgegenstand

Die Aufteilung des Grundstücks in Wohnungseigentum, also in Miteigentumsanteile, mit denen Sondereigentum verbunden wird, nimmt dem Grundstück als Ganzes nicht die Eigenschaft als möglicher Belastungsgegenstand zu fungieren.[4] Das wurde früher mit dem Argument bezweifelt, dass das Grundstück als Einheit „rechtlich" (fiktiv) gar nicht mehr existiere und auch verfahrensrechtlich für das Gesamtgrundstück kein Grundbuchblatt mehr vorhanden sei.[5] Letzterem Argument ist entgegen zu halten, dass es ersichtlich von verfahrensrechtlichen Vorschriften auf das materielle Recht schließt.[6] Ersteres Argument kann schon deshalb nicht überzeugen, weil es gerade die Frage wiedergibt, die beantwortet werden soll. Es ist insofern zirkulär. Zutreffender Weise wird man davon auszugehen haben, dass die Gesamtheit der Miteigentumsanteile rechtlich das Gesamtgrundstück repräsentieren. Die Auffassung, das Gesamtgrundstück könne nach Aufteilung in WEG nicht mehr belastet werden, wird deshalb heute – soweit ersichtlich – nicht mehr vertreten und lässt sich auch mit § 1009 BGB und § 4 WGV (dazu sogleich) nicht in Einklang bringen.

---

3 Soweit im Folgenden von „Wohnungseigentum" i. S. d. § 1 Abs. 2 WEG die Rede ist, steht dies stellvertretend auch für Teileigentum i. S. d. § 1 Abs. 3 WEG, das für sachenrechtliche Betrachtungen gleichgestellt ist.
4 BayObLG RPfleger 1974, 261; KG, RPfleger 1976, 180, 181; *Meikel/Grziwotz*, GBO, 12. Aufl. 2021, Einl. B Rn. 191.
5 *Bärmann/Pick*, WEG, 2. Aufl. 1973, § 1, Rn. 60.
6 Ausführlich dazu mit überzeugender Begründung KG, RPfleger 1976, 180, 181.

Grundsätzlich *muss* das gesamte (aufgeteilte) Grundstück belastet werden, wenn das Recht seiner Natur nach nur an dem Grundstück, nicht aber an einzelnen Wohnungs- oder Teileigentumseinheiten geschaffen werden kann.[7] Ob dies der Fall ist, richtet sich nach dem Inhalt des Rechts, der im Zweifel durch Auslegung zu ermitteln ist.[8] Ohne Weiteres ist dies beispielsweise der Fall, wenn Dienstbarkeiten an dem WEG-Grundstück geschaffen werden sollen, die bezüglich ihres Ausübungsbereichs Gemeinschaftseigentum in Anspruch nehmen, wie beispielsweise Leitungsrechte oder Wegerechte,[9] die (auch) über Gemeinschaftseigentum verlaufen. Gleiches gilt für Unterlassungsdienstbarkeiten, die sich auf gemeinschaftliches Eigentum beziehen, wie beispielsweise ein Bebauungsverbot.

§ 4 WGV regelt auf verfahrensrechtlicher Ebene, dass Rechte, die ihrer Natur nach nicht an dem Wohnungseigentum als solchen bestehen können, in der zweiten Abteilung dergestalt einzutragen sind, dass die Belastung des ganzen Grundstücks erkennbar ist (sog. Gesamtvermerk[10]). Die Belastung muss in sämtliche für das Grundstück angelegte Wohnungs- und Teileigentumsgrundbücher eingetragen werden, wobei auf die übrigen Eintragungen zu verweisen ist.

Lange Zeit war umstritten, ob das Gesamtgrundstück belastet werden muss, wenn der Ausübungsbereich einer Dienstbarkeit das Gemeinschaftseigentum betrifft, einem Wohnungseigentümer an der Gemeinschaftsfläche aber ein Sondernutzungsrecht zugewiesen ist. Das verneinte die Rechtsprechung früher mit dem Argument, dass es sich bei dem Sondernutzungsrecht nicht um ein dingliches Recht handele, sondern lediglich um eine schuldrechtliche Vereinbarung, die dingliche Wirkung zeitige. Der Gegenstand der Ausübung der Dienstbarkeit bleibe aber Teil des Gemeinschaftseigentums.[11] Der BGH hat die Frage jüngst dahingehend entschieden, dass die Belastung des einzelnen Wohnungseigentums genüge, wenn der Ausübungsbereich der Dienstbarkeit eine Sondernutzungsfläche ist. Diese Sondernutzungsfläche kann sogar den alleinigen Ausübungsbereich der Dienstbarkeit darstellen.[12] Die Gleichstellung von Sondernutzungsrechten mit Sondereigentum rechtfertige sich daraus, dass Sonder-

---

7 BGH DNotZ 2019, 680 Rn. 11.
8 BGH DNotZ 2019, 680 Rn. 11.
9 *Demharter*, GBO, 32. Aufl., 2021, Anhang zu § 3, Rn. 69.
10 Vgl. zu den Folgen eines fehlenden Gesamtvermerks zuletzt BGH ZWE 2019, 364.
11 OLG Karlsruhe, RPfleger 1975, 356; BayObLG NJW 1975, 59.
12 BGH ZWE 2020, 328 Rn. 34.

nutzungsrechte dem Sondereigentum als Inhaltsbestimmung zugeordnet seien.[13]

Bislang noch nicht entschieden ist die Frage, wie es sich verhält, wenn der Ausübungsbereich der Dienstbarkeit sich auf sogenanntes Annex-Sondereigentum (Freiflächensondereigentum) im Sinne des § 3 Abs. 2 WEG bezieht. Konsequenterweise wird man davon auszugehen haben, dass auch in diesen Fällen lediglich die einzelne Wohnungseigentumseinheit belastet werden muss. Insofern muss die vorstehende Rechtsprechung zum Sondernutzungsrecht erst recht gelten.[14] Bei diesem Annex-Sondereigentum handelt es sich (wie bei jedem anderen Sondereigentum) *inhaltlich* um echtes Eigentum im Sinn des § 903 BGB,[15] das lediglich in seinem sachenrechtlichen Bestand von einer sonstigen Sache abhängig ist. Es kann freilich – wie auch das sonstige Sondereigentum – gemäß § 6 WEG nicht isoliert, sondern nur zusammen mit dem Miteigentumsanteil belastet werden.

b) Verfügungsbefugnis

Nach der WEG-Reform 2020 kam die Diskussion auf, wer zur Belastung des Gesamtgrundstücks verfügungsbefugt ist. Das OLG Nürnberg ging in einer Entscheidung davon aus, dass die Vertretungsmacht des Verwalters gemäß § 9b Abs. 1 S. 1 WEG auch eine Befugnis umfasse, das Gesamtgrundstück zu belasten.[16] Die Entscheidung ist in der Literatur zu Recht auf einhellige Kritik gestoßen.[17] Das OLG Nürnberg hat zwischenzeitlich seine Entscheidung auf recht ungewöhnliche Weise korrigiert. In einem Schreiben an die Grundbuchämter im Bezirk des OLG hat es verlautbart, künftig an dieser Entscheidung nicht mehr festhalten zu wollen. Zu einer Klärung durch den BGH wird es deshalb möglicherweise gar nicht erst

---

13 BGH ZWE 2020, 328 Rn. 39.
14 So auch *Lehmann-Richter/Wobst*, WEG-Reform 2020, Rn. 1737.
15 BGH NJW 2019, 2083 Rn. 16; *Lehmann-Richter/Wobst*, WEG-Reform 2020, Rn. 1723 ff.; BeckOK-WEG/*Leidner*, 01.01.2022, § 3, Rn. 1.
16 OLG Nürnberg FGPrax 2021, 203 m. Anm. Wilsch.
17 So die einhellige Meinung in der Literatur, vgl. nur *Drasdo*, NJW-Spezial 2021, 706; *Forschner*, RPfleger 2022, 66; BeckOGK-WEG/*Greiner*, 01.12.2021, § 9b, Rn. 3 dort Fn. 3 „unvertretbar"; *Koch*, RNotZ 2022, 70, 72; *Wilsch*, FGPrax 2021, 203, 205; *Wobst*, ZWE 2022, 43, 45. Schon vor der Entscheidung auch *Hügel/Elzer*, WEG, 3. Aufl. 2021, § 1, Rn. 45.

kommen – sofern nicht andere Oberlandesgerichte in die gleiche Richtung entscheiden sollten.[18]

Die Korrektur der Entscheidung ist zu begrüßen, da sie dogmatisch von vornherein nicht haltbar war. Zutreffender Weise können nur die dinglich Berechtigten die Belastung des Gegenstandes verfügen. Dinglich berechtigt am Gesamtgrundstück ist aber nicht die Wohnungseigentümergemeinschaft als rechtsfähiger Verband, sondern sämtliche Wohnungseigentümer gemeinschaftlich. Nur sie können über den sachenrechtlichen Gegenstand verfügen. Die Befugnisse des Vertreters (Verwalter) können nie weitergehen als die Befugnisse des Vertretenen (der Gemeinschaft).

Dieses Ergebnis lässt sich besonders gut herleiten, wenn man sich die Historie des WEG zur Vertretungsbefugnis des Verwalters vor Augen führt.[19] Im Wohnungseigentumsgesetz von 1951 war die Vertretungsbefugnis des Verwalters klar und verständlich geregelt. Der Verwalter war gem. § 27 WEG i. d. F. v. 1951 berechtigt, im Namen der und mit Wirkung für die Wohnungseigentümer bestimmte Rechtshandlungen vorzunehmen. Der Verwalter war allein Vertreter der Wohnungseigentümer, die Vertretungsmacht war sachlich beschränkt.[20] Aus der sachlichen Beschränkung auf bestimmte Verwaltungshandlungen ergab sich ohne weiteres, dass der Verwalter nicht zur Verfügung über das Eigentum der Wohnungseigentümer am Grundstück berechtigt war.

Seit der BGH im Jahr 2005 die Rechtsfähigkeit der Wohnungseigentümergemeinschaft anerkannte,[21] passte diese dem Gesetz zugrunde liegende Sichtweise nicht mehr. Der BGH ergänzte seine Erkenntnis der Rechtsfähigkeit durch die Organstellung samt Vertretungsbefugnis des Verwalters für die teilrechtsfähige Gemeinschaft.[22] Das Gesetz ging zu diesem Zeitpunkt nach seinem Wortlaut freilich weiterhin von einer Vertretungsbefugnis für die einzelnen Wohnungseigentümer aus.

---

18 Zutreffend jetzt OLG München, Beschluss v. 5.8.2022, Az. 34 Wx 301/2; BeckRS 2022, 19775.
19 Der folgende Textteil ist auch veröffentlicht in der Anmerkung des Autors zur Entscheidung des OLG Nürnberg, *Forschner*, RPfleger 2022, 66.
20 *Weitnauer/Lüke*, Wohnungseigentumsgesetz, 9. Aufl. 2004, § 27, Rn. 9.
21 BGH DNotZ 2005, 776.
22 BGH DNotZ 2005, 776, 785: „Sie handelt im Rechtsverkehr durch den Verwalter. Soweit er nicht kraft Gesetzes als Organ der Gemeinschaft zur Vertretung berechtigt ist, werden seine Kompetenzen durch solche der Wohnungseigentümer ergänzt, denen die entsprechende Bevollmächtigung des Verwalters oder die Fassung des von ihm nach § 27 Abs. 1 Nr. 1 WEG auszuführenden Beschlusses obliegt.".

Die Korrektur erfolgte durch die WEG-Reform 2007. § 27 Abs. 3 WEG 2007 räumte dem Verwalter eine Vertretungsbefugnis für die Gemeinschaft ein. Auch diese Vertretungsbefugnis war der Konzeption des WEG entsprechend sachlich beschränkt. Die Vertretungsbefugnis für die Gemeinschaft trat neben die Vertretungsbefugnis für die einzelnen Wohnungseigentümer.[23] Ein hybrides Modell, geschuldet der Unsicherheit über die genaue Reichweite der Teilrechtsfähigkeit. Eine Befugnis, über das Eigentum der Wohnungseigentümer zu verfügen – auch hier Fehlanzeige.

Die vorgenannte Unsicherheit über die Reichweite der Rechtsfähigkeit sollte erst im Jahr 2020 – also 15 Jahre nach der grundlegenden BGH-Entscheidung zur Rechtsfähigkeit der Gemeinschaft – beseitigt werden. Durch das WEMoG änderte sich die Vertretungsbefugnis des Verwalters grundlegend. An die Stelle der sachlich beschränkten Vertretungsbefugnis tritt eine grundsätzlich (abgesehen von den Einschränkungen bzgl. Grundstückskauf- und Darlehensverträgen) unbegrenzte Vertretungsmacht. Der Verwalter vertritt gem. § 9b Abs. 1 S. 1 WEG allerdings nunmehr ausschließlich die rechtsfähige Gemeinschaft, nicht mehr die einzelnen Wohnungseigentümer. Stattdessen werden einzelne Rechte der Wohnungseigentümer gem. § 9a Abs. 2 WEG auf die Gemeinschaft zur Ausübung übergeleitet, soweit sie eine einheitliche Rechtsverfolgung erfordern. Die Verwaltung (nicht aber die Verfügung!) des gemeinschaftlichen Eigentums obliegt gem. § 18 Abs. 1 WEG zudem ausschließlich dem rechtsfähigen Verband.

Was hat sich durch keine der Reformen geändert? Unverändert bleibt der einzelne Wohnungseigentümer Eigentümer *seines* Miteigentumsanteils verbunden mit *seinem* Sondereigentum (§ 1 Abs. 2 und Abs. 3 WEG). Nur der einzelne Eigentümer wird im Grundbuch als solcher eingetragen, nicht die rechtsfähige Gemeinschaft.[24] Der Gesetzgeber ging also nicht soweit, die Gemeinschaft zur „Holding-Gesellschaft" zu machen, die Eigentümerin der Miteigentumsanteile wird und an der der Wohnungseigentümer lediglich noch eine gesellschaftsrechtliche Beteiligung hält. Dem Gesetzgeber ging es ausschließlich um eine Zentralisierung der Rechtsbeziehungen bei der Gemeinschaft. Sie *verwaltet* das gemeinschaftliche Eigentum (§ 18 WEG), der einzelne Wohnungseigentümer *verfügt* darüber. Letzteres ergibt sich mangels abweichender Regelung im Wohnungseigentumsgesetz unmittelbar aus § 747 S. 1 BGB (für den einzelnen Anteil) und

---

23 Ausführlich dazu *Hügel/Elzer*, Das neue WEG-Recht, 2007, § 11, Rn. 60 ff.
24 Zutreffend *Wilsch*, FGPrax 2021, 203, 204.

aus § 747 S. 2 BGB (für den Gegenstand im Ganzen, auch für Belastungen des Gesamtgegenstands).[25] An den sachenrechtlichen Beziehungen hat der Reformgesetzgeber 2020 nur marginale, aber keine systematischen Veränderungen vorgenommen.

Daraus folgt, dass das Wohnungseigentum ein eigenwilliges – aber, so sollte man meinen – nach der Reform leicht verständliches System zweier Ebenen ist. Einer Rechtsbeziehung des Eigentümers zum Grundstück und einer verbandsrechtlichen Ebene, die der Gesetzgeber zur Verwaltung des gemeinschaftlichen Eigentums wie einen Schleier über die Miteigentumsanteile legt. Die Systematik des Gesetzes gibt Aufschluss: Die Abschnitte 1 und 2 des 1. Teils des Wohnungseigentumsgesetzes befassen sich mit der sachenrechtlichen Ebene, die Abschnitte 3 und 4 mit der verbandsrechtlichen Ebene. Beide Schichten der Rechtsbeziehungen haben Berührungspunkte, sind aber grundsätzlich unabhängig voneinander. Eine Befugnis des Verwalters, das Grundstück mit beschränkten dinglichen Rechten zu belasten, lässt sich insofern nicht begründen.

2. Das WEG-Grundstück als herrschendes Grundstück

Wendet man sich dem umgekehrten Fall zu, dass das Grundstück herrschendes Grundstück der Dienstbarkeit ist, ergibt sich ein ähnliches Bild. Das Gesamtgrundstück kann – soweit ersichtlich unumstritten – berechtigtes („herrschendes") Grundstück im Sinne des § 1018 BGB sein.[26]

Gemäß § 96 BGB wird diese Grunddienstbarkeit Bestandteil des herrschenden Grundstücks. Dies führt dazu, dass die Berechtigung an der Grunddienstbarkeit den Wohnungseigentümern wie gemeinschaftliches Eigentum zusteht, sie also gemeinschaftlich Berechtigte der Grunddienstbarkeit werden. Die Wohnungseigentümer können daher über die Ausübung der Grunddienstbarkeit ihr Verhältnis untereinander durch schuldrechtliche Vereinbarung regeln, die – wie jede andere schuldrechtliche Vereinbarung bezogen auf das gemeinschaftliche Eigentum – zum Inhalt des Sondereigentums gemacht werden kann.[27] Insofern können beispielsweise die Wohnungseigentümer Sondernutzungsrechte an Stellplätzen auf fremdem Grund untereinander zuweisen, wenn zugunsten des Gesamt-

---

25 Vgl. *Demharter*, GBO, 32. Aufl. 2021, Anh. zu § 3, Rn. 96.
26 OLG Köln, NJW-RR 1993, 982 983; OLG Hamm, ZWE 2007, 44, 46; *Grziwotz*, in: Grziwotz/Lüke/Saller, Praxishandbuch Nachbarrecht, 2020, Kapitel 4, Rn. 199.
27 OLG Köln, NJW-RR 1993, 982 983.

grundstücks eine Dienstbarkeit an sämtlichen Stellplätzen begründet ist, und nicht – was auch möglich ist – eine Dienstbarkeit zugunsten jedes einzelnen Wohnungseigentümers bestellt wird (dazu noch unten).

3. Bestellung zugunsten des Grundstücks oder des Verbands?

Eine Grunddienstbarkeit kann gemäß § 1018 BGB nur zugunsten des jeweiligen Eigentümers eines anderen Grundstücks bestellt werden. Als Gestaltungsalternative wird man aber auch eine beschränkte persönliche Dienstbarkeit gemäß § 1090 BGB zugunsten der Gemeinschaft der Wohnungseigentümer als Verband gemäß § 9a Abs. 1 S. 1 WEG in Betracht ziehen können. Gemäß § 9a Abs. 1 S. 1 WEG ist die Gemeinschaft der Wohnungseigentümer seit der Reform des Wohnungseigentumsgesetzes zum 1.12.2020 *uneingeschränkt* rechtsfähig. Infolgedessen kann sie unter eigenem Namen Rechte erwerben und Verbindlichkeiten eingehen. Bei der Bestellung einer solchen Dienstbarkeit wird die Gemeinschaft der Wohnungseigentümer als rechtsfähiger Verband gemäß § 9b Abs. 1 WEG durch den Verwalter vertreten. Dieser muss die Einigung im Sinne des § 873 Abs. 1 BGB erklären und grundbuchverfahrensrechtlich die Bewilligung abgeben. Ist die Gemeinschaft als rechtsfähiger Verband beteiligt, überdauert die Dienstbarkeit (wie bei einer Grunddienstbarkeit auch) den Wechsel einzelner Wohnungseigentümer.

Diese Gestaltungsalternative ist allerdings mit einem nicht unerheblichen Nachteil verbunden. Im Fall der Aufhebung der Gemeinschaft erlischt das Recht im Zeitpunkt der Schließung der Wohnungsgrundbuchblätter.[28] Ob diese Rechtsfolgen tatsächlich dem Parteiwillen entsprechen, muss im Einzelfall eruiert werden. Zu berücksichtigen sind dabei ggf. auch öffentlich-rechtliche Implikationen. Wird die Dienstbarkeit zur Erfüllung baurechtlicher Erfordernisse bestellt, wäre es unzweckmäßig, wenn sie mit Erlöschen der WEG als Verband untergeht. Erwirbt bspw. ein einzelner Erwerber alle Wohnungseigentumseinheiten und möchte die WEG (aus welchen Gründen auch immer) aufheben, ist der Bestand der Dienstbarkeit nicht gewährleistet.

Kein echter Nachteil, aber jedenfalls zu berücksichtigen, ist die Tatsache, dass eine beschränkte persönliche Dienstbarkeit, wenn sie zugunsten der Gemeinschaft bestellt wird, deren Verwaltungsvermögen wird. Das hat zur Folge, dass über deren Verwaltung und Benutzung durch Beschluss

---

28 BeckOGK-WEG/*Falkner*, 01.12.2021, § 9a, Rn. 93.

entschieden werden kann, §§ 9a Abs. 3, 18 Abs. 1 WEG. Dies führt im Ergebnis auch dazu, dass die Durchsetzung des Rechts der Gemeinschaft obliegt und nicht dem einzelnen Wohnungseigentümer. Nur der Verband kann Rechte aus der Dienstbarkeit geltend machen, der Wohnungseigentümer muss ggf. den Verband auf Geltendmachung der Rechte in Anspruch nehmen. Hier unterscheidet sich die Verwaltung aber nicht wesentlich von der Bruchteilsgemeinschaft gem. §§ 744 ff BGB.[29]

III. Folgen der Aufteilung des dienenden Grundstücks

1. Dienstbarkeiten

Im Folgenden soll die Frage behandelt werden, welches Schicksal ein beschränktes dingliches Recht erleidet, wenn es an einem ungeteilten Grundstück lastet und dieses ungeteilte Grundstück in Wohnungseigentum aufgeteilt wird. Das Gesamtgrundstück geht mit der Aufteilung in Wohnungseigentum nicht unter. Selbstverständlich nicht in der realen Welt als Teil der Erdoberfläche und auch nicht – wie früher teilweise angenommen – als Belastungsgegenstand. § 7 Abs. 1 S. 3 WEG bestimmt zwar, dass das Grundbuchblatt des Grundstücks von Amts wegen zu schließen ist. Wie sich aus der Überschrift des § 7 WEG ergibt, beschäftigt sich dieser jedoch ausschließlich mit dem Grundbuchverfahrensrecht. Und das Grundbuchverfahrensrecht löst das Problem der Verlautbarung von Rechten am Gesamtgrundstück in § 4 WGV. Das Gesamtgrundstück wird nach Aufteilung in eine WEG verfahrensrechtlich nicht mehr durch ein Grundbuch repräsentiert, sondern durch alle Wohnungsgrundbücher gemeinschaftlich. Diese verfahrensrechtliche Folge hat auf das materielle Recht keinerlei Auswirkungen.

Grundsätzlich gilt deshalb, dass die Aufteilung des dienenden Grundstücks die Belastung unberührt lässt. Die Belastung setzt sich vielmehr als Gesamtbelastung an allen Wohnungseigentumseinheiten fort.[30] Durch die Aufteilung ändert sich lediglich das Binnenverhältnis der Miteigentümer untereinander, indem es in Wohnungseigentum als eine besondere Art

---

29 Vgl. dazu BGH NJW 2008, 3703.
30 BeckOGK-WEG/*M. Müller*, 01.03.2022, § 2, Rn. 45; Staudinger/*Rapp*, 2018, § 3 WEG, Rn. 26; *Thoma*, RNotZ 2008, 121, 127; OLG Schleswig MittBayNot 2000, 232 zum Vorkaufsrecht.

des Bruchteilseigentums aufgeteilt wurde.[31] Eine Änderung des Binnenrechtsverhältnisses kann aber denknotwendig keinen Einfluss auf Rechte außenstehender Dritter an diesem Grundstück haben. Deshalb ist auch nach einhelliger Meinung zur WEG-Aufteilung die Zustimmung der dinglich Berechtigten, die am gesamten Grundstück berechtigt sind, nicht erforderlich.[32] Würde man die Aufteilung in Wohnungseigentum als einen Eingriff in die Rechte Dritter sehen, müsste man konsequenterweise zur Aufteilung auch deren Zustimmung fordern.

Etwas anderes soll nur dann gelten, wenn der Ausübungsbereich der Dienstbarkeit mit der Nutzungsbefugnis eines oder mehrerer Sondereigentümer deckungsgleich ist.[33] Erstreckt sich die Dienstbarkeit nur auf die Raumeinheit eines Wohnungseigentümers, so werden die übrigen Wohnungseigentumsrechte analog § 1026 BGB (gegebenenfalls i.V.m. § 1090 Abs. 2 BGB) von der dinglichen Belastung frei. Analog deshalb, weil sich § 1026 BGB nach seiner Entstehungsgeschichte ausschließlich auf die Realteilung eines Grundstücks bezieht und nicht auf die Teilung nach dem Wohnungseigentumsgesetz. Eine planwidrige Regelungslücke dürfte sich ohne Weiteres feststellen lassen. Bei Schaffung des § 1026 BGB gab es das Wohnungseigentumsgesetz noch nicht, bei der Schaffung des WEG hat der Gesetzgeber offenbar übersehen, dass sich der Realteilung ähnliche Fragestellungen stellen.

Neben der planwidrigen Regelungslücke muss zudem eine vergleichbare Interessenlage vorliegen. Dagegen spricht, dass es sich bei der Aufteilung nach dem Wohnungseigentumsgesetz zunächst auf sachenrechtlicher Ebene lediglich um eine besondere Ausgestaltung von Miteigentumsanteilen dergestalt handelt, dass die einzelnen Wohnungseigentümer ihre Rechte gegenseitig beschränken.[34] Dafür – und das ist letztlich überzeugend – spricht, dass die Aufteilung nach dem Wohnungseigentumsgesetz – ebenso wie die Realteilung – zu einer Schaffung von neuen alleinigen rechtlichen Herrschaftsbereichen führt. Ebenso wie der neue Eigentümer einer realen Teilfläche, die vom Gesamtgrundstück abgeschrieben wurde, „herrscht" der Wohnungseigentümer über sein Sondereigentum und sei-

---

31 Zur dogmatischen Einordnung von Wohnungseigentum ausführlich BeckOGK-WEG/*M. Müller*, 01.03.2022, § 1, Rn. 48.
32 Vgl. BeckOGK-WEG/*M. Müller*, 01.03.2022, § 2, Rn. 106-108; *Bärmann/Armbrüster*, WEG, 14. Aufl. 2018, § 2, Rn. 23; MüKo-BGB/*Krafka*, 8. Aufl. 2020, § 3, WEG, Rn. 7; *Hügel/Elzer*, WEG, 3. Aufl. 2021, § 3, Rn. 74-76; zu Grundpfandrechten BGH NJW 2012, 1226.
33 OLG Hamm, NJW-RR 2000, 1403, 1404 m. w. N.
34 Str. vgl. BeckOGK-WEG/*M. Müller*, 01.03.2022, § 1, Rn. 45 ff. m. w. N.

ne Sondernutzungsrechte. Im Ergebnis ist deshalb die Aufteilung nach dem Wohnungseigentumsgesetz mit der Realteilung eines Grundstücks für Zwecke der Dienstbarkeiten vergleichbar.

2. Vorkaufsrechte

Nochmal schwieriger wird die Frage, wenn man statt der Dienstbarkeit ein Vorkaufsrecht an dem Grundstück betrachtet, das in Wohnungseigentum aufgeteilt wird. Denn nach Aufteilung des Verfügungsgegenstandes („Grundstück") bestehen nunmehr verschiedene isolierte Verfügungsgegenstände. Das Problem besteht zwar grundsätzlich auch, wenn ein Grundstück zwei Ehegatten in Bruchteilsgemeinschaft gehört. Denn auch da kann jeder über seinen Miteigentumsanteil grundsätzlich frei verfügen. Wirtschaftlich gesehen ist das Miteigentum an einem Grundstück jedoch nur selten ein tauglicher (marktgängiger) Verfügungsgegenstand. Das Wohnungseigentum, das dem Miteigentümer auch einen eigenen Herrschaftsbereich in Form des Sondereigentums vermittelt, hingegen schon. Es stellt sich dann die Frage, ob sich das Vorkaufsrecht am Grundstück in ein Vorkaufsrecht je Sondereigentumseinheit umwandelt. Sofern später eine Sondereigentumseinheit verkauft wird, stellt sich die Frage, ob der Berechtigte an dieser Sondereigentumseinheit ein Vorkaufsrecht hat oder ob er nur ein Vorkaufsrecht hat, wenn alle Einheiten „en bloc" verkauft werden.

Zunächst kann man sich die Frage stellen, ob für die WEG-Aufteilung die Zustimmung des Vorkaufsrechtsberechtigten erforderlich ist. Als Grundlage für ein solches Zustimmungserfordernis kommen die §§ 877, 876 BGB in Betracht.[35] Aus deren Schutzzweck[36] folgt aber, dass die Zustimmung des Dritten nicht erforderlich ist, wenn seine dingliche Rechtsstellung durch die Änderung nicht berührt wird.[37] Ist ein Grundstück *insgesamt* (d. h. nicht nur ein Miteigentumsanteil) mit einem dinglichen Recht belastet, wird der Berechtigte durch die Teilung des Grundstücks nach §§ 3, 8 WEG in seiner Rechtsstellung regelmäßig nicht berührt, da sich die dingliche Belastung am Grundstück nach der Aufteilung an sämtlichen Wohnungseigentumsrechten fortsetzt und sich der Belas-

---

35 *Bärmann/Armbrüster*, WEG, 13. Aufl. 2018, § 2, Rn. 22; Grüneberg/*Wicke*, 81. Aufl. 2022, § 3 WEG, Rn. 1.
36 Der auch im Wortlaut des § 876 S. 2 BGB zum Ausdruck kommt („...es sei denn, dass dessen Recht durch die Aufhebung nicht berührt wird.").
37 BGH NJW 1984, 2409, 2410.

tungsgegenstand nicht verändert.³⁸ Das gilt auch für dingliche Vorkaufsrechte, diese setzen sich nach ganz überwiegender Auffassung nach der Aufteilung an allen Wohnungs- und Teileigentumsrechten fort.³⁹ Insofern wird man davon ausgehen können, dass eine Zustimmung des Vorkaufsberechtigten zur WEG- Aufteilung nicht erforderlich ist.⁴⁰ Anderer Auffassung könnte man zwar mit dem Argument sein, dass sich der Gegenstand des Vorkaufsrechts ändert. Hat der Vorkaufsberechtigte bspw. an dem Erwerb einer Wohnungseigentumseinheit kein Interesse, aber am Gesamtgrundstück gleichwohl, ist er gezwungen, schon die erste Wohnungseigentumseinheit zu erwerben – obwohl ungewiss ist, ob die weiteren jemals veräußert werden. Dies dürfte aber lediglich eine wirtschaftliche Beeinträchtigung sein, die der Vorkaufsrechtsberechtigte hinzunehmen hat, denn sein Recht bleibt weiterhin darauf gerichtet, letztlich das Gesamtgrundstück zu erwerben (sofern denn das Gesamtgrundstück – ggf. auch in mehreren Schritten – zu irgendeinem Zeitpunkt veräußert wird).

Bislang nicht abschließend geklärt ist die Frage, in welcher Form sich das Vorkaufsrecht an den einzelnen WEG-Einheiten fortsetzt. Für die Realteilung des mit dem Vorkaufsrecht belasteten Grundstücks entspricht es ganz überwiegender Auffassung, dass eine Mehrzahl von *Einzelrechten* an den neu entstandenen Grundstücken entsteht und nicht etwa ein „Gesamtvorkaufsrecht", bei dem der Verkauf eines Grundstücks auch den Eintritt des Vorkaufsfalls für alle anderen Grundstücke auslösen könnte.⁴¹ Dies dürfte zutreffender Weise auch für die WEG-Aufteilung gelten. Denn mit der Schaffung von neuen Verfügungsgegenständen in tatsächlicher Hinsicht, steht die WEG-Aufteilung der Realteilung sehr nahe. Ein „Gesamtvorkaufsrecht" ist dem deutschen Zivilrecht überhaupt fremd – im Gegensatz bspw. zur Gesamthypothek, -grundschuld oder -dienstbarkeit.⁴² Ob es sich bei der Mehrzahl der Belastungsgegenstände um Realteile eines

---

38 OLG Frankfurt OLGZ 1987, 266; Staudinger/*Rapp*, WEG, 2018, § 3, Rn. 23; Grüneberg/*Wicke*, 81. Aufl. 2022, § 3 WEG, Rn. 1.
39 OLG Schleswig MittBayNot 2000, 232 – allerdings ohne nähere Begründung; BeckOGK-BGB/*Omlor*, 01.11.2021, § 1094, Rn. 42; Staudinger/*Schermaier*, 2017, § 1094, Rn. 7; *Hertel*, in: Würzburger Notarhandbuch, 2022, Teil 2 Kap. 8 Rn. 22.
40 So auch DNotI-Report 2002, 59.
41 BeckOGK-BGB/*Omlor*, 01.11.2021, § 1094, Rn. 42; MüKo-BGB/*Westermann*, 8. Aufl. 2020, § 1094, Rn. 9; Grüneberg/*Herrler*, BGB, 81. Aufl. 2022, § 1094, Rn. 2 jeweils m. w. N.
42 Zu letzterer vgl. noch unten.

Grundstücks oder um Wohnungseigentumseinheiten handelt, spielt letztlich keine Rolle.[43]

Im Anschluss an die WEG-Aufteilung kann das Vorkaufsrecht an der jeweiligen Wohnungseigentumseinheit nur mit der Wirkung geltend gemacht werden, dass ein Kaufvertrag bzgl. der einzelnen Einheit zustande kommt. Der Verkauf einer einzelnen Einheit genügt umgekehrt aber auch, um das Vorkaufsrecht auszulösen; ein „Gesamtverkauf" aller Miteigentumsanteile samt zugehörigem Sondereigentum ist nicht erforderlich.

IV. Folgen der Aufteilung des herrschenden Grundstücks

Wird das Grundstück eines Dienstbarkeits*berechtigten* in Wohnungseigentum geteilt, so besteht die Grunddienstbarkeit gemäß § 1025 S. 1 BGB für die einzelnen Teile mit Schutz des Eigentümers des belasteten Grundstücks gegen die beschwerlichere Ausübung fort.[44] Die fortbestehende Grunddienstbarkeit bleibt einheitliches Recht mehrerer Berechtigter.[45] Nach zutreffender Meinung entstehen nicht mehrere selbstständige Dienstbarkeiten, sondern kraft Gesetzes eine Gesamtgrunddienstbarkeit.[46] Die Tatsache, dass sich der Verpflichtete nun mehreren Berechtigten gegenübersieht, ändert an der grundsätzlichen Aufteilung der Berechtigungen und Fortbestand der Rechte nichts. Der Verpflichtete wird erst auf „zweiter Stufe" durch § 1025 S. 1 Hs. 2 BGB geschützt, namentlich dadurch, dass die *Ausübung* für den belasteten Eigentümer nicht beschwerlicher werden darf.

§ 1025 S. 1 Hs. 2 BGB legt keinen eigenen Prüfungsmaßstab für die Grenzen der Ausübungsbeschränkung fest. Vielmehr ist es eine Frage der Auslegung des Bestellungsvertrags, inwieweit der Belastete eine Mehrbelastung hinzunehmen hat. Denn auch ohne Aufteilung des herrschenden

---

43 BeckOGK-BGB/*Omlor*, 01.11.2021, § 1094, Rn. 42; anders wohl MüKo-BGB/*Westermann*, 8. Aufl. 2020, § 1094, Rn. 9, ohne auf Quellen zu verweisen und ohne ein Argument zu benennen.
44 BayObLG MittBayNot 1983, 168; OLG Stuttgart NJW-RR 1990, 659; BeckOGK-WEG/*Müller*, 01.12.2021, § 2, Rn. 43.
45 Grüneberg/*Herrler*, BGB, 81. Aufl. 2020, § 1025, Rn. 1; Staudinger/*Weber*, § 1025, Rn. 3 ff.
46 BayObLGZ 1965, 267; BayObLG NJW-RR 1990, 1043, 1044; Staudinger/*Weber*, § 1025, Rn. 5; MüKo-BGB/*Mohr*, 8. Aufl. 2020, § 1025, Rn. 2; Grüneberg/*Herrler*, BGB, 81. Aufl. 2020, § 1025, Rn. 1; Soergel/*Stürner*, BGB, 13. Aufl. 2001, § 1025, Rn. 1; BeckOGK-BGB/*Kazele*, 01.11.2021, § 1025, Rn. 23; a. A. BeckOK-BGB/*Reischl*, 01.11.2021, § 1025, Rn. 3 a.

Grundstücks kann es zu einer Mehrbelastung kommen.[47] Dies erscheint auch folgerichtig, da durch die Teilung des Grundstücks *allein* keine Mehrbelastung eintritt. Schließlich könnte der Berechtigte auch ohne grundstücksmäßige Parzellierung oder Aufteilung in Wohnungseigentum eine andere Bebauung schaffen, was zu einer Mehrbelastung führen kann. Dies verdeutlicht folgendes Beispiel: Ein bisher mit einem Einfamilienhaus bebautes Grundstück, zu dessen Gunsten ein Wegerecht bestellt ist, wird neu bebaut. Statt des (kleinen) Einfamilienhauses wird auf dem gleichen Grundstück ein Wohnhaus mit zwölf Wohnungen geschaffen. Die Anzahl der potenziellen Nutzer des Wegerechts vervielfältigt sich. Diese Folge ist völlig unabhängig davon, ob es sich um zwölf rechtlich selbstständige Wohnungen nach dem WEG handelt oder zwölf nur baulich getrennte Mietwohnungen, die alle im Eigentum des bisherigen Eigentümers des Einfamilienhauses stehen.

V. Das einzelne Wohnungseigentum als dienendes „Grundstück"

§ 1018 BGB spricht lediglich davon, dass ein „Grundstück" zugunsten des jeweiligen Eigentümers eines anderen Grundstücks mit einer Grunddienstbarkeit belastet werden kann. Es entspricht jedoch ganz h.M., dass belastetes „Grundstück" im Sinne dieser Norm auch ein einzelnes Wohnungseigentum sein kann. Selbstverständlich ist das nicht. Zur Erinnerung: Wohnungseigentum ist gem. § 1 Abs. 2 WEG Sondereigentum in Verbindung mit dem Miteigentumsanteil an gemeinschaftlichem Eigentum.

Ein Miteigentumsanteil an einem Grundstück kann aber nur bei bestimmten beschränkten dinglichen Rechten isolierter Belastungsgegenstand sein. Dies gilt beispielsweise gemäß § 1066 Abs. 1 BGB für den Nießbrauch, gemäß § 1095 BGB für das Vorkaufsrecht und gemäß § 1106 BGB für die Reallast. Unstrittig dürfte aber sein, dass ein Miteigentumsanteil isoliert nicht mit einer Grunddienstbarkeit belastet werden kann.[48] Der Miteigentumsanteil scheidet als Belastungsgegenstand bzgl. einer Dienstbarkeit aus, da die Dienstbarkeit auf die Ausübung in tatsächlicher Hinsicht gerichtet ist, der Bruchteil am Eigentum eine solche Rechtsmacht

---

47 Vgl. Staudinger/*Weber*, § 1025, Rn. 8; MüKo-BGB/*Mohr*, 8. Aufl. 2020, § 1025, Rn. 3.
48 Grüneberg/*Herrler*, BGB, 81. Aufl. 2022, § 1008, Rn. 6; BeckOGK-BGB/*P. Müller*, 01.02.2022, § 1009, Rn. 9; MüKo-BGB/*Mohr*, 8. Aufl. 2020, § 1018, Rn. 21.

nicht vermittelt, die einem Dritten mit dinglicher Wirkung überlassen werden könnte.

Insofern unterscheidet sich aber das Wohnungseigentum vom bloßen Bruchteil an einem Grundstück, da es in Verbindung mit dem Sondereigentum einen alleinigen Herrschaftsbereich in tatsächlicher Hinsicht vermittelt. Der WEG-Aufteilung ist dementsprechend bzgl. des Sondereigentums ein der Realteilung ähnliches Element immanent. Unproblematisch kann man also beispielsweise ein Wohnungseigentum dahingehend belasten, dass ein Dritter ein Wohnungsrecht im Sinne des § 1093 BGB erhält. Der Wohnungsberechtigte ist dann auch zur Mitbenutzung des Gemeinschaftseigentums in gleichem Umfang berechtigt, wie es der Sondereigentümer selbst ist. Der Sondereigentümer kann also nur eine solche Berechtigung mittels einer Dienstbarkeit weitergeben, die ihm selbst zusteht.

Lange war umstritten, ob ein Wohnungseigentum auch dahingehend belastet werden kann, dass (alleiniger) Ausübungsbereich der Dienstbarkeit der Bereich eines Sondernutzungsrechts ist. Der BGH hat die Frage im Jahr 2020 dahingehend entschieden, dass der Ausübungsbereich einer Grunddienstbarkeit auch die einem Sondernutzungsrecht unterliegende Fläche sein kann – und zwar auch alleine diese Fläche.[49] Während die Rechtsprechung früher noch davon ausging, dass das Gesamtgrundstück belastet werden muss, wenn die Dienstbarkeit das Recht vermitteln soll, eine Fläche, die einem Sondernutzungsrecht unterliegt, zu nutzen. Dem lag der Gedanke zugrunde, dass das Sondernutzungsrecht nichts daran ändert, dass die Fläche weiterhin im Gemeinschaftseigentum steht. Der BGH behandelt nun an dieser Stelle das Sondernutzungsrecht für Zwecke der Belastung ähnlich dem Eigentum. Diese Gleichstellung von Sondernutzungsrechten, die gem. § 10 Abs. 3 S. 1 WEG zum Inhalt des Sondereigentums gemacht wurden, rechtfertigt sich nach Auffassung der Rechtsprechung daraus, dass auch hier – wie beim Eigentum – die übrigen Wohnungseigentümer von der Nutzung ausgeschlossen sind.[50]

Es ist also beispielsweise möglich, dass der Wohnungseigentümer – ohne die Mitwirkung der übrigen Wohnungseigentümer – das Sondernutzungsrecht an seiner Gartenfreifläche dem Eigentümer des Nachbargrundstücks zur Nutzung überlässt.

Noch keine Gelegenheit hatte die Rechtsprechung, dazu Stellung zu nehmen, ob sich diese Ergebnisse auch auf das Freiflächen-Sondereigentum gemäß § 3 Abs. 2 WEG übertragen lassen. Im Ergebnis wird man dies

---

49 BGH DNotZ 2021, 37, 46.
50 BGH DNotZ 2021, 37, 47 Rn. 37 ff.

wohl zu bejahen haben. Die Beantwortung der Frage, ob das Freiflächen-Sondereigentum kein alleiniger Belastungsgegenstand sein kann, ergibt sich schon aus § 6 WEG. Es ist aber kein Grund ersichtlich, warum man nicht das Wohnungseigentum als Ganzes dahingehend belasten können soll, dass alleiniger Ausübungsbereich der Dienstbarkeit das Freiflächen-Sondereigentum ist. Insofern bietet sich ein Erst-Recht-Schluss zur soeben dargestellten Entscheidung an. Wenn es schon möglich ist, das Sondernutzungsrecht an einer Freifläche zum alleinigen Ausübungsbereich einer Dienstbarkeit zu machen, dann muss dies erst recht für das „stärkere" Recht des Freiflächen-Sondereigentums gelten. Denn hierbei handelt es sich um „echtes" Eigentum im Sinne des § 903 BGB, mit dem der Eigentümer grundsätzlich nach Belieben verfahren kann. Es unterliegt lediglich den Besonderheiten des Wohnungseigentumsgesetzes, namentlich dergestalt, dass es gemäß § 6 Abs. 1 WEG nicht isoliert belastet werden kann und, dass es gem. § 3 Abs. 2 WEG nicht vom sonstigen Raumeigentum getrennt werden kann. Im Übrigen unterliegt der Wohnungseigentümer auch den Beschränkungen des § 13 Abs. 2 WEG i.V.m. § 20 WEG bezüglich der Frage, inwieweit er die Freifläche bebauen darf.

VI. Das einzelne Wohnungseigentum als herrschendes „Grundstück"

Weitgehend anerkannt dürfte auch sein, dass auch das einzelne Wohnungseigentum berechtigtes „Grundstück" im Sinne des § 1018 BGB sein kann. Dabei wird grundsätzlich das Raumeigentum (gemeint ist wohl das Sondereigentum) als „herrschendes Grundstück" im Sinne des § 1019 BGB angesehen, für dessen Nutzung die Grunddienstbarkeit einen Vorteil im Sinne der Norm bieten muss.[51] Auch eine Grunddienstbarkeit innerhalb einer Wohnungseigentümergemeinschaft kommt in Betracht, beispielsweise dergestalt, dass der eine Wohnungseigentümer vom anderen Wohnungseigentümer verlangen kann, dass er ein Fenster dauerhaft geschlossen hält. Dabei kommt es nicht darauf an, dass das Fenster möglicherweise nicht allein im Sondereigentum des Wohnungseigentümers steht. Denn das alleinige zum Inhalt des Sondereigentums gewordene Nutzungsrecht unter Ausschluss der übrigen Miteigentümer bezieht sich auch auf zum gemeinschaftlichen Eigentum gehörende Gegenstände, soweit sie sich im Bereich seiner Wohnung befinden. Zu dieser Nutzungsbefugnis gehört ohne weiteres auch die Befugnis, die Fenster nach Belieben zu öffnen oder zu

---

51 BGH NJW 1989, 2391, 2392 m. w. N.

schließen – unabhängig davon ob die Fenster selbst aus zwingenden sachenrechtlichen Gründen jedenfalls bezüglich deren Außenfläche im Gemeinschaftseigentum stehen.

VII. Folgen der Aufteilung einer herrschenden WE-Einheit

Besonders schwierig ist die Frage zu beurteilen, welches Schicksal eine Dienstbarkeit erleidet, die zugunsten eines Wohnungseigentümers bestellt ist und sich Veränderungen innerhalb der WEG ergeben, also beispielsweise eine Wohnungseigentumseinheit in mehrere Wohnungseigentumseinheiten unterteilt wird. Diese Unterteilung erfolgt regelmäßig dergestalt, dass zum einen ein Miteigentumsanteil von einer Wohnungseigentumseinheit mit „neuem" Sondereigentum verbunden wird. Das kann in der Praxis entweder dergestalt erfolgen, dass bereits vorhandenes Sondereigentum schlicht unterteilt wird, sich also auf vorhandene Bausubstanz bezieht oder aber, dass ein vollständig neuer Gegenstand des Sondereigentums geschaffen wird. Im letztgenannten Fall wird also ein neuer Herrschaftsbereich in tatsächlicher Hinsicht geschaffen (Sondereigentum) und dieses Sondereigentum mit bereits vorhandenen, freigewordenen Miteigentumsanteilen verbunden.

Ob man § 1025 S. 1 BGB analog auch auf die vorliegende Konstellation anwendet, wenn nur ein Miteigentumsanteil abgespalten und mit neu geschaffenem Sondereigentum verbunden wird, hängt maßgeblich davon ab, was man als „herrschendes Grundstück" im Sinne dieser Norm im Falle einer Wohnungseigentumseinheit begreift. Wie bereits oben ausgeführt, geht der BGH davon aus, dass herrschendes „Grundstück" das Raumeigentum ist.[52] Denkt man dies formal fort, dürfte § 1025 BGB auf die vorliegende Konstellation keine Anwendung finden. Denn unterteilt wird nicht das Raumeigentum (= der Gegenstand des Sondereigentums), sondern nur der mit dem Raumeigentum verbundene Miteigentumsanteil.

Das OLG München hatte einen Fall zu entscheiden, in dem eine Sondereigentumseinheit (Hinterhaus) aus einer Wohnungseigentümergemeinschaft „abgespalten" und sodann im Wege der Realteilung dem bisherigen Eigentümer der bislang im Gemeinschaftseigentum stehende Grundstücksteil zum Alleineigentum übertragen wurde.[53] Die Sondereigentumseinheit war herrschendes Grundstück einer Grunddienstbarkeit. Das OLG

---

52 BGH NJW 1989, 2391, 2392.
53 OLG München FGPrax 2017, 114.

München kam zu dem Ergebnis, dass die Grunddienstbarkeit auch zugunsten des neu geschaffenen Grundstücks fortbestehe. Hierbei argumentiert das Gericht maßgeblich mit der Identität des (vormaligen) Sondereigentums und dem jetzigen Alleineigentum.[54] Gleichzeitig verweist das Gericht – insoweit nicht ganz konsistent – darauf, dass „in rechtlicher Sicht das Miteigentum am Gesamtgrundstück im Vordergrund steht, das durch das WEG lediglich eine besondere Ausgestaltung erfahren hat". Die Dienstbarkeit gehe als wesentlicher Bestandteil des Miteigentumsanteils auf den Erwerber des Alleineigentums am Teilgrundstück über.

Die Entscheidung des OLG München zeigt aber noch etwas anderes und verdeutlicht insofern, dass man die oben genannte BGH-Entscheidung nicht lediglich formal verstehen darf, sondern im Kontext des *telos* des § 1025 BGB. Dieser soll es dem Grundstückseigentümer ermöglichen, seine Sache beliebig katastermäßig zu vermessen und grundbuchrechtlich zu unterteilen, ohne dabei die Rechtsposition, die ihm die Dienstbarkeit vermittelt, zu verlieren. Die Realteilung eines Grundstücks ist für die bestehenden Rechte grundsätzlich bedeutungslos. So verhält es sich auch bei der Aufteilung von Wohnungseigentum. Analog zu den Überlegungen des OLG München dürfte es auch keinen Unterschied machen, wenn das neue Sondereigentum im Bereich eines bisherigen Sondernutzungsrechts geschaffen wird. Denn letztlich geht es darum, welchen tatsächlichen Herrschaftsbereich das Wohnungseigentum dem Berechtigten vermittelt. Und dazu gehört auch die zum Inhalt des Sondereigentums gemachte Vereinbarung, die die übrigen Eigentümer von der Nutzung der entsprechenden Fläche regelmäßig ausschließt. Wird aus diesem räumlichen Herrschaftsbereich des Eigentümers ein Teil „herausgelöst", kommt dies funktional der Realteilung i. S. d. § 1025 BGB derart nahe, dass eine analoge Anwendung auch auf diese Fälle geboten scheint. Der Eigentümer des dienenden Grundstücks ist ausreichend wiederum über § 1025 S. 1 Hs. 2 BGB geschützt.

VIII. Faktische Probleme beim Umgang mit beschränkten dinglichen Rechten und dem Wohnungseigentum

Die Gestaltungspraxis ist nicht nur mit Rechtsfragen konfrontiert, sondern oft auch mit rein praktischen Problemen. Es gibt Wohnungseigentumsanlagen, die aus mehreren hundert Wohnungen bestehen. Soll dort am

---

54 OLG München FGPrax 2017, 114, 116.

Gesamtgrundstück ein Recht bestellt werden, so ist dies zwar theoretisch möglich. Es gibt aber regelmäßig zumindest einen Eigentümer, der querulatorisch veranlagt ist oder eine Wohnung, die im Eigentum einer Erbengemeinschaft mit zahlreichen unbekannten Erben steht. Dann ist die Bestellung des Rechts zwar theoretisch möglich. Ggf. bestehen sogar Ansprüche auf eine entsprechende Bewilligung gegen die einzelnen Wohnungseigentümer. Faktisch durchsetzbar ist dieser Anspruch aber kaum, geschweige denn realistisch, dass man sämtliche Eigentümer freiwillig zur Bewilligung bewegt.

Bei der Gestaltung von Entwicklungsgebieten mit verschiedenen Wohnungseigentumsanlagen ist deshalb gerade bei der Ausgestaltung der wechselseitigen Dienstbarkeiten besondere Sorgfalt an den Tag zu legen. Denn hier lassen sich Fehler nachträglich kaum berichtigen.

Rechtspolitisch sollte man sich die Frage stellen, ob man die Auffassung des OLG Nürnberg nicht zum Gesetz macht und die Befugnisse des Verwalters nicht noch einmal erheblich erweitert. Die Umsetzung ist allerdings nicht einfach. Denn man müsste eine Grenze ziehen, zwischen den Rechten, die „nur" die Gemeinschaft beeinträchtigen (bspw. Leitungsrechte, Wegerechte über Gemeinschaftseigentum etc.) und deshalb durch den Verwalter bestellt werden können sollten und Rechten, die den Wohnungseigentümer in seiner eigenen sachenrechtlichen Position wirtschaftlich beeinträchtigen. Zudem würde man mit der bislang konsistenten Systematik des Gesetzes brechen, dass sachenrechtlich Berechtigte allein die Eigentümer sind und nicht die Gemeinschaft als rechtsfähiger Verband. Insofern besteht die Gefahr durch eine Erweiterung der Befugnisse das System aufzubrechen und mehr Schaden anzurichten. Denn durch die letzte WEG-Reform wurde das System gerade erst wieder – sehr geglückt – von dem Kopf auf die Füße gestellt. Denkbar wäre allenfalls eine Regelung in § 9a Abs. 2 WEG dergestalt, dass der Gemeinschaft auch das Recht eingeräumt wird, über das Gemeinschaftseigentum mit Wirkung für die Wohnungseigentümer zu verfügen, sofern Sondereigentum davon nicht betroffen ist. Abgrenzungsschwierigkeiten wären allerdings vorprogrammiert.

IX. Fazit

Die Probleme, die im Umgang mit beschränkten dinglichen Rechten und Wohnungseigentum bestehen, lassen sich rechtlich weitgehend unter analoger Anwendung der Vorschriften des BGB lösen, wenn man anerkennt, dass der Aufteilung nach WEG bzgl. des Sondereigentums ein der Realteilung ähnliches Element innewohnt. Insofern ist ein nicht im BGB normiertes Sonderrechtsgebiet für beschränkte dingliche Rechte im Zusammenhang mit Wohnungseigentümergemeinschaften entstanden. Eine Normierung scheint hingegen nicht zwingend erforderlich, da die Rechtsprechung mit den Problemen anhand der bestehenden Vorschriften umzugehen weiß.

Eine Erweiterung der Vertretungsbefugnisse des Verwalters wäre zwar aus praktischer Sicht wünschenswert, würde jedoch einen Systembruch darstellen. Es sollte deshalb von einer solchen Regelung abgesehen werden.

Das Innenverhältnis mehrerer Dienstbarkeitsberechtigter[1]

Klaus Oertel

I. Einleitung

Dienstbarkeiten und andere dingliche Nutzungsrechte, namentlich der Nießbrauch, begründen einen Anspruch gegen den jeweiligen Eigentümer des belasteten Grundstücks auf Nutzung, Duldung oder Unterlassung. Wenn mehrere inhaltsgleiche Rechte bestellt werden oder ein Nutzungsrecht mehreren Berechtigten zusteht, entsteht notwendig auch ein Rechtsverhältnis unter den Berechtigen. Dieses Verhältnis mehrerer Nutzungsberechtigter zueinander soll im Folgenden untersucht werden. Dabei steht insbesondere in Frage, ob es mit dinglicher Wirkung ausgestaltet werden kann. Dazu nimmt die Untersuchung das Innenverhältnis der Berechtigten aus drei Richtungen in den Blick:

(i) Den Konflikt zwischen mehreren Nutzungsrechten gleichen Rangs regelt § 1024 BGB. Hiernach ist eine Ausübungsregelung nach billigem Ermessen zu treffen. Ob diese Regelungskompetenz auch für begleitende Pflichten, etwa die Lastentragung, gilt und ob § 1024 BGB auch zur Anwendung kommen kann, wenn die Rechte verschiedenen Rang haben, ist zu diskutieren.

(ii) Wenn ein Nutzungsrecht mehreren Berechtigten bestellt werden soll, ist nach § 47 Abs. 1 GBO deren Gemeinschaftsverhältnis anzugeben. Als solches wird in der Praxis regelmäßig die Gesamtgläubigerschaft, § 428 BGB, benannt; dabei besteht Einigkeit, dass deren Rechtsfolgen zu modifizieren sind. Welche Regelungen im Innenverhältnis der Gesamtgläubiger gelten, soll ausgelotet werden.

(iii) Welche Regelungen inhaltlich angemessen sind, soll hier nicht diskutiert werden. Die inhaltlichen Regelungsnotwendigkeiten folgen aus der jeweiligen Nutzung und den mit ihr einhergehenden Nutzungskonflikten. Hier liegen zur Verteilung der Unterhaltungs- und Verkehrssiche-

---

[1] Um Erscheinungsdaten ergänzte Textfassung vom 13.07.2022 zu dem Vortrag im Rahmen der Tagung zur Relevanz der beschränkten dinglichen Rechte am 29.04.2022.

rungspflichten bereits eingehende Untersuchungen vor.[2] Diese behandeln allerdings vornehmlich das Verhältnis zum Eigentümer. Der dritte Teil der vorliegenden Erörterung konzentriert sich hingegen auf die Frage, ob und wie solche Regelungen im Verhältnis unter den Berechtigen verdinglicht werden können. Mit anderen Worten: Sollten Regelungen zum Innenverhältnis mehrerer Rechte oder mehrerer Berechtigter in das Grundbuch eingetragen werden?

II. Mehrheit von Rechten

Beispielsfall:

Im Büroquartier Am Kai wird die kilometerlange Tiefgarage über ein Zufahrtsgrundstück erschlossen. Zu dessen Lasten und zu Gunsten der jeweiligen Eigentümer aller nachgelagerten Grundstücke ist ein Durchfahrts- und Garagenanlagennutzungsrecht eingetragen. Über die Ausübung haben alle Beteiligten eine Regelung getroffen. Ist ein Erwerber eines nachgelagerten Grundstücks hieran gebunden?

1. Mehrheit von ranggleichen Rechten

Eine Mehrheit von Rechten besteht, wenn für jeden Berechtigten ein eigenes Recht eingetragen ist.

Hier gilt § 1024 BGB für die Grunddienstbarkeit. Diese Vorschrift findet über § 1090 Abs. 2 BGB auch auf die beschränkte persönliche Dienstbarkeit Anwendung. § 1060 BGB enthält eine inhaltsgleiche Bestimmung für den Nießbrauch.

---

2 Vgl. allgemein *Keller*, Entstehung, Inhalt, Modifizierung und Ausschluss von Erhaltungs- und Unterhaltungspflichten bei Grunddienstbarkeiten, MittBayNot 2022, 1; *Grziwotz*, Unterhaltskosten und Verkehrssicherungspflicht bei Fahrtrechten, ZfIR 2017, 445; *Regenfus*, Servitus in faciendo consistere nequit – Möglichkeiten der Verdinglichung von Handlungspflichten durch Dienstbarkeiten - Teil 1, ZNotP 2017, 128; *Volmer*, Zur Unterhaltungspflicht bei Geh- und Fahrrechten unter Mitbenutzungspflicht des dienenden Eigentümers, MittBayNot 2000, 387; speziell zu unserem Thema: *Oppermann/Scholz*, Verteilung der Unterhaltungs- und Verkehrssicherungspflichten mit dinglicher Wirkung innerhalb mehrerer Berechtigter einer Grunddienstbarkeit, DNotZ 2017, 4.

§ 1024 BGB lautet:

Trifft eine Grunddienstbarkeit mit einer anderen Grunddienstbarkeit oder einem sonstigen Nutzungsrecht an dem Grundstück dergestalt zusammen, dass die Rechte nebeneinander nicht oder nicht vollständig ausgeübt werden können, und haben die Rechte gleichen Rang, so kann jeder Berechtigte eine den Interessen aller Berechtigten nach billigem Ermessen entsprechende Regelung der Ausübung verlangen.

Diese Vorschrift findet jedenfalls Anwendung auf solche Rechte, die in Abt. II des Grundbuchs ausdrücklich ranggleich eingetragen sind (dazu a)). Praktisch finden sich in Abt. II aber auch Sammelbuchungen unter einer laufenden Nummer ohne klärenden Vermerk des Rang- oder Berechtigungsverhältnisses (dazu b)). Es streitet viel dafür, diese unqualifizierten Sammelbuchungen ebenfalls § 1024 BGB zu unterstellen. Damit wäre die anfängliche Buchung eines Rechts für mehrere Berechtigte ebenso zu behandeln wie es § 1025 BGB für die nachträgliche Teilung des herrschenden Grundstücks vorsieht (dazu c)).

a) Ausdrücklich ranggleich eingetragene Rechte

Der Rang mehrerer Rechte in Abt. II bestimmt sich gemäß § 879 Abs. 1 S. 1 BGB nach der Reihenfolge ihrer Eintragungen (sog. Locus-Prinzip).[3] Gleichen Rang haben einzelne Rechte in Abt. II, wenn die Eintragung erfolgte

(i) als Einzelbuchung mit einem Gleichrangvermerk: *„Das Recht Abt. II Nr. 1 hat den gleichen Rang wie Abt. II Nr. 2."*, oder
(ii) als Sammelbuchung unter einer laufenden Nummer in Abt. II mit etwa folgendem Vermerk: *„Je eine ranggleiche Dienstbarkeit für den jeweiligen Eigentümer der Flurstücke 11, 12, 13."*.

Schließlich können einzelne Rechte im gleichen Rang aus einer Grunddienstbarkeit dann entstehen, wenn das herrschende Grundstück geteilt wird: Nach § 1025 BGB besteht die Grunddienstbarkeit für die einzelnen Teile, also die jeweiligen Eigentümer der Trennstücke, fort. Im Anschluss an die Statthaftigkeit der Sammelbuchung und mit Blick auf §§ 1024, 1025 BGB wird es auch für zulässig gehalten, mehrere Grund-

---

3 *Böttcher*, Das Rangverhältnis im Grundbuchverfahren, BWNotZ 1988, 73; vgl. zum Streitstand: Grüneberg/*Herrler*, BGB, 81. Aufl. 2022, § 879, Rn. 9.

dienstbarkeiten sogleich zugunsten mehrerer herrschender Grundstücke unter einer laufenden Nummer einzutragen und hierbei zu vermerken, dass diese Rechte

„*den Berechtigten untereinander gemäß §§ 1024, 1025 BGB*"

zustehen. Dies sei übersichtlicher, es sei kostengünstiger und das (Rang-)Verhältnis sowie sonstige Rechte und Pflichten der jeweiligen Eigentümer der herrschenden Grundstücke untereinander können einfacher und übersichtlicher dargestellt werden.[4] Allgemein durchgesetzt hat sich diese Handhabung bisher nicht.[5]

b) Unqualifizierte Sammelbuchung

Es finden sich vielmehr häufig Sammelbuchungen ohne klärenden Vermerk. Beispielsweise wird eine Grunddienstbarkeit unter einer laufenden Nummer im Grundbuch des belasteten Grundstücks eingetragen

„*zu Gunsten des jeweiligen Eigentümers der Flurstücke 11, 12, 13.*"

Eine solche Sammelbuchung wird einerseits als praktisch sinnvoll erachtet; andererseits gilt sie als formell ordnungswidrig.[6] Die materielle Wirksamkeit der Eintragung wird gleichwohl allseits anerkannt. Offen ist aber, welches Berechtigungsverhältnis eine solche einfache Sammelbuchung ohne qualifizierenden Vermerk bezeichnet:[7]

(i) Entsteht hier eine einheitliche Grunddienstbarkeit zugunsten der Eigentümer mehrerer Grundstücke gemeinsam, also ein Gesamtrecht?[8] Welches ist dann das Berechtigungsverhältnis der einzelnen Eigentümer untereinander?

---

4 LG Kassel, Beschl. v. 26.5.2009 – 3 T 92/09, MittBayNot 2009, 377.
5 Dagegen z.B. *Böttcher*, Grundstücksrechte für Gesamtgläubiger, ZfIR 2018, 547, 551.
6 BeckOGK-BGB/*Kesseler*, 01.07.2022, § 879, Rn. 25; Schöner/*Stöber*, GrundbuchR, 2020, Rn. 1112 u. Rn. 310 u. Fn. 1091; KEHE/*Keller*, GBR, 7. Aufl. 2015, § 144 GBO, Rn. 13.
7 NK-BGB/*Otto*, § 1018, Rn. 36 mwN, der von ihm zitierte KEHE/*Keller*, GBR, 7. Aufl. 2015, § 48 GBO, Rn. 6 befasst sich allerdings mit der Gesamtbelastung.
8 So Schöner/*Stöber*, GrundbuchR, 2020, Rn. 1124 mwN in Fn. 1054; ebenso wohl MüKo-BGB/*Mohr*, 8. Aufl. 2020, § 1018, Rn. 22 unter Verweis auf OLG München, Beschl. v. 17.6.2014 - 34 Wx 206/14, der sich aber nicht mit dem Gemeinschaftsverhältnis befasst.

(ii) Oder handelt es sich um Einzelrechte?[9] In welchem Rangverhältnis stehen diese sodann untereinander?[10]

Gegen die Annahme eines Gesamtrechts streitet schon, dass weder in der Bewilligung noch in der Bestellung des Rechts eine Gesamtberechtigung angelegt sein dürfte. Hier würde also das Berechtigungsverhältnis durch das Verfahren der Eintragung – Sammelbuchung oder Einzelbuchung – erst erzeugt. Die Sammelbuchung sollte aber allein das Grundbuch entlasten, nicht ein Gesamtrecht schaffen, dies zudem entgegen § 47 GBO ohne Angabe des Berechtigungsverhältnisses. Mangels anderweitiger Bewilligung und mangels Benennung des Berechtigungsverhältnisses im Sinne des § 47 GBO können durch die gesammelte Buchung also nur Einzelrechte entstehen.

Diese Einzelrechte sind kraft zeitgleicher Eintragung untereinander ranggleich. Die Gegenauffassung, nach der die Reihenfolge der Eintragungen ein Rangverhältnis erzeugt, will wohl nicht dahin verstanden werden, dass die Reihenfolge der Nennung der herrschenden Grundstücke in der Sammelbuchung deren Rangverhältnis bestimmt. Dies würde einer häufig ganz zufälligen Reihenfolge eine Rangbedeutung zumessen, die nicht gewollt ist und damit das Locus-Prinzip überspannen. Bei der Sammelbuchung handelt es sich gerade nicht um mehrere Eintragungen im Sinne des § 879 Abs. 1 S. 2 BGB, sondern um eine gesammelte Eintragung. Es entsteht also durch die Eintragung kein Rangverhältnis; ein Rangvermerk nach § 45 Abs. 1 GBO ist entbehrlich. Es ergibt sich ohne weiteres aus der Eintragung selbst, dass die gesammelt gebuchten Rechte gleichrangig sind.

c) Teilung des herrschenden Grundstücks, § 1025 BGB

Diese Einordnung der anfänglichen unqualifizierten Sammelbuchung entspricht in ihren Konsequenzen den Folgen, die sich bei einer nachträglichen Teilung eines herrschenden Grundstücks aus §§ 1024, 1025 BGB ergeben.[11] Zwar wird auch hierzu vertreten, es verbleibe ungeachtet der Tei-

---

9 So Schöner/*Stöber*, GrundbuchR, 2020, Rn. 1126 (anders als in Rn. 1124).
10 BeckOGK-BGB/*Kesseler*, 01.07.2022, § 879, Rn. 25, Rn. 26 bezeichnet es als wohl hM, den Einzelrechten Rang nach ihrer räumlichen Rangfolge zuzumessen (vgl. Fn. 48; er selbst vertritt bei Fn. 49 mit KEHE/*Keller*, GBR, § 45 GBO, Rn. 15 und *Böttcher*, BWNotZ 1988, 73, die Auffassung, dass diese Rechte den gleichen Rang haben).
11 In diese Richtung auch Schöner/*Stöber*, GrundbuchR, 2020, Rn. 1124: „Berechtigungsverhältnisse, die sich bei Teilung des Grundstücks ergeben können, müssen

lung bei einem einheitlichen Recht und dieses stehe den Eigentümern der geteilten Grundstücke in Bruchteilsgemeinschaft zu.[12]

Der hierzu zitierte Beschluss des BayObLG[13] behandelt allerdings eine Aufteilung des herrschenden Grundstücks in Wohnungseigentum. Unter § 1025 BGB stellt die Aufteilung nach dem WEG einen Sonderfall dar. In diesem Sonderfall entsteht notwendig eine Bruchteilsgemeinschaft der Miteigentümer am herrschenden Grundstück, das schon wegen § 3 Abs. 1 S. 1 und § 8 Abs. 1 WEG ein Grundstück bleibt.

In den Normalfällen des § 1025 BGB entstehen durch die Teilung mehrere Grundstücke im Rechtssinne. Diese bilden hinsichtlich der gemeinsamen Dienstbarkeit eine Gemeinschaft.[14] Es erscheint aber problematisch, die Rechtsausübung nach Bruchteilen zuzuordnen. Entgegen § 421 BGB soll jeder der herrschenden Eigentümer das Recht für sich ausüben können.[15] Die einzelnen Eigentümer sollen jeweils selbständig berechtigt sein.[16] Ein jeder von ihnen kann das Recht für sich aufgeben. Darüber, ob die gemeinsame Ausübung durch Mehrheitsbeschluss geregelt werden kann, wird gestritten.[17]

Demnach spricht mehr dafür, das Rechtsverhältnis, das über § 1025 BGB unter den Eigentümer der geteilten Grundstücke entsteht, als eine Rechtsgemeinschaft im Sinne der §§ 1024, 1025 BGB zu bezeichnen.[18] Dies hält die Möglichkeit offen, im Verhältnis zum belasteten Eigentümer auf Elemente der modifizierten Gesamtgläubigerschaft zurückzugreifen.[19] Es

---

auch sogleich bei Bestellung der Grunddienstbarkeit zulässig sein."; ebenso BeckOK-BGB/*Reischl*, 01.05.2022, § 1025, Rn. 3: „Grundbuchmäßig liegt […] nach der Teilung kraft Gesetzes eine Sammelbezeichnung der mehreren auf dem dienenden Grundstück lastenden Dienstbarkeiten vor.".

12 Grüneberg/*Herrler*, BGB, 81. Aufl. 2022, § 1025, Rn. 1 unter Verweis auf BayObLG Beschl. v. 10.5.1990 – BReg. 2 Z 33/90, NJW-RR 1990, 1043; dem folgend DNotI-Report 2022, 89 (90) mwN.
13 BayObLG, Beschl. v. 10.5.1990 – BReg. 2 Z 33/90, NJW-RR 1990, 1043.
14 Eingehend BeckOGK-BGB/*Kazele*, 01.05.2022, § 1025, Rn. 21-24.
15 Grüneberg/*Herrler*, BGB, 81. Aufl. 2022, § 1025, Rn. 1; vertiefend MüKo-BGB/*Mohr*, 8. Aufl. 2020, § 1025, Rn. 2.
16 Nach BeckOGK-BGB/*Kazele*, 01.05.2022, § 1025, Rn. 23 entsteht eine Gesamtberechtigung.
17 Dafür BeckOGK-BGB/*Kazele*, 01.05.2022, § 1025, Rn. 26; dagegen MüKo-BGB/*Mohr*, 8. Aufl. 2020, § 1025, Rn. 2 bei Fn. 13.
18 Hierzu tendieren auch MüKo-BGB/*Mohr*, 8. Aufl. 2020, § 1025, Rn. 2 und BeckOK-BGB/*Reischl*, 01.05.2022, § 1025, Rn. 3.
19 Dies ist vielleicht auch gemeint, wenn NK-BGB/*Otto*, 5. Aufl. 2022, § 1018, Rn. 36 von einem Gesamtrecht spricht; er führt mit BGH NJW-RR 2019, 273 eine Entscheidung zur Gesamtbelastung, nicht -berechtigung an.

eröffnet im Verhältnis der herrschenden Eigentümer untereinander den Weg zu § 1024 BGB.[20]

2. Regelung nach § 1024 BGB unter ranggleichen Rechten

§ 1024 BGB gibt jedem Nutzungsberechtigten einen Anspruch gegen die gleichrangig und gleichartig Nutzungsberechtigten darauf, dass

(i) eine Regelung der Ausübung getroffen wird und
(ii) dass diese Regelung befolgt wird.

Dabei besteht Einigkeit, dass es der Prozessökonomie entspricht, im Streit über die Regelung auch den Anspruch auf das regelgemäße Verhalten zu verhandeln.[21]

Inhaltlich hat die zu treffende Regelung den Interessen aller Berechtigten (notabene: nicht des Eigentümers) nach billigem Ermessen zu entsprechen. Die Formulierung des § 1024 BGB entspricht der Bestimmung des § 745 Abs. 2 BGB für die Gemeinschaft. Auch wenn § 1024 BGB kein echtes Gemeinschaftsverhältnis unter den Inhabern der konkurrierenden Rechte begründet,[22] finden die Grundsätze des § 745 Abs. 2 BGB entsprechende Anwendung.[23]

In der Sache soll die Regelung die verschiedenen Nutzungsinteressen im Wege praktischer Konkordanz[24] zum Ausgleich bringen.

Ob mit dem Ausgleich der Nutzungsrechte auch die Kompetenz einhergeht, eine Regelung über die damit verbundenen Lasten herbeizuführen, ist offen.[25] Der Wortlaut des § 1024 BGB würde dies decken, wenn man den Begriff „Regelung der Ausübung" weit fasst und als das „Nutzungs-

---

20 So auch MüKo-BGB/*Mohr*, 8. Aufl. 2020, § 1025, Rn. 2.
21 Staudinger/*Weber*, 2017, § 1024, Rn. 7 und 8.
22 BeckOK BGB/*Reischl*, 01.05.2022, § 1024, Rn. 8.
23 NK-BGB/*Otto*, 5. Aufl. 2022, § 1024, Rn. 8; Staudinger/*Weber*, 2017, § 1024, Rn. 9; Erman/*Grziwotz*, BGB, 16. Aufl. 2020, § 1024, Rn. 2.
24 Staudinger/*Weber*, 2017, § 1024, Rn. 1; NK-BGB/*Otto*, 5. Aufl., 2022, § 1024, Rn. 9: „wechselseitig angemessene Beschränkung".
25 Dafür spricht der Ansatz von Staudinger/*Weber*, 2017, § 1024, Rn. 2, wenn er vorschlägt, dass eine Vereinbarung, die § 1024 BGB verdrängt, auch eine Regelung über die Tragung der Unterhaltungskosten umfassen sollte; Oppermann/*Scholz*, DNotZ 2017, 4, 6 meinen, individuelle Regelungen zwischen den Beteiligten seien nicht möglich, weil zwischen den Beteiligten nur das gesetzliche Schuldverhältnis (aus § 1024 BGB) bestehe; anders wohl *Volmer*, MittBayNot 2000, 387 (389).

recht" nicht nur den jeweiligen Anspruch auf Nutzung, sondern das gesamte Rechtsverhältnis versteht, das aus dem Nutzungsrecht entsteht. Eine Regelung (und das Normprogramm des § 1024 BGB) bliebe unvollständig, wenn nur über die Berechtigung, nicht aber über die Lastentragung entschieden würde.[26] Versteht man § 1024 BGB als eine Verweisung auf § 745 Abs. 2 BGB, sollte diese § 748 BGB einschließen.[27] Ein Interessenausgleich nach billigem Ermessen kann auch über die Lasten erfolgen und muss diese gegebenenfalls einschließen. Wenn nicht § 1024 BGB bemüht werden soll, bliebe eine solche Regelung gleichwohl notwendig. Denn der Eigentümer mag zwar entscheiden, gegen welchen der verschiedenen Berechtigten er seine Ansprüche aus §§ 1021 f. BGB geltend macht; diesen muss aber die Möglichkeit eröffnet werden, untereinander einen Ausgleich zu verlangen. Ohne § 1024 BGB bliebe ein solches Verlangen im luftleeren Raum. Also: Keine Regelung zur Ausübung des Rechts ohne Regelung der Pflichten.

3. Regelung nach § 1024 BGB unter rangverschiedenen Rechten?

Seinem eindeutigen Wortlaut nach kommt § 1024 BGB nur dann zur Anwendung, wenn die inhaltsgleichen Rechte auch ranggleich sind. Was gilt, wenn die Rechte rangverschieden sind, ist unklar. Hierzu formuliert das OLG München einerseits: *„Bestehen unterschiedliche Rangverhältnisse, so geht die Dienstbarkeit mit dem besseren Rang vor (Nachweise). Mit anderen Worten: Bei Kollision mehrerer beschränkter dinglicher Rechte ergibt sich das Berechtigungsverhältnis aus dem Rangverhältnis."*[28] Anderseits hat das OLG Hamm bereits am 20.10.1980 erkannt:[29] *„Der besserrangige Wegeberechtigte ist nicht*

---

26 Den Regelungsbedarf sieht auch Staudinger/*Weber*, 2017, § 1024, Rn. 16 und Rn. 21 f.
27 So BGH, Urt. v. 18.3.2019 – V ZR 343/17 (Privatstraße, Unterhaltungspflichten zwischen gleichrangig Berechtigten und dem Eigentümer); BGH, Urt. v. 12.11.2004 – V ZR 42/04 (Kostenregelung zwischen Eigentümer und Dienstbarkeitsberechtigten); BGH, Urt. v. 6.6.2003 – V ZR 392/02 (Eigentümer und Quotennießbraucher).
28 OLG München, Beschl. v. 17.6.2014 – 34 Wx 206/14, FG Prax 2014, 198 (199); zustimmend zitiert, aber nicht vertieft von MüKo-BGB/*Mohr*, 8. Aufl. 2020, § 1024, Rn. 1; BeckOGK-BGB/*Kazele*, 01.05.2022, § 1024, Rn. 1.
29 OLG Hamm, Urt. v. 20.10.1980 – 5 U 69/80, BeckRS 1980, 31163967 (= RPfleger 1981, 105); dem folgend ohne weitere Begründung Schöner/*Stöber*; GrundbuchR, 2020, Rn. 1127.

befugt, den Inhaber eines nachrangigen Wegerechts von der Benutzung des Weges auszuschließen oder ihn in der Ausübung seines Wegerechts zu behindern."

Welche Rechte der Vorrang eines Nutzungsrechtes ihm gegenüber dem nachrangigen Recht eigentlich verleiht, ist nicht gesetzlich definiert. Die Rangwirkung im Verhältnis zu Verwertungsrechten, § 52 ZVG, betrifft den Bestand des Rechts, nicht seine Ausübung.[30] Auch dann, wenn ein Vorrang besteht, sind Ausübungskonflikte und damit Regelungsnotwendigkeiten denkbar.

Im Anschluss an das OLG München beobachtet Grüneberg/Herrler, BGB, § 1024 Rnr. 1: *„Ein rangbesseres Nutzungsrecht geht einem nachrangigen vor, verdrängt es bei fehlender Beeinträchtigung indes nicht."* Und deutlicher NK/Otto, BGB, § 1047 Rnr. 17: *„Der [besserrangig] Berechtigte kann dem anderen die Ausübung seines Rechts insoweit untersagen, als es das eigene beeinträchtigt. Ein vorrangiges Wegerecht berechtigt somit in aller Regel nicht zum vollständigen Ausschluss des weiteren Berechtigten."* Zutreffend wird hier erkannt, dass jeder Unterlassungsanspruch, auch der aus der rangbesseren Dienstbarkeit, eine Beeinträchtigung voraussetzt. Die Durchsetzung des Vorrangs über § 1027 iVm. § 1004 BGB erfordert stets eine Beeinträchtigung. Es besteht also kein Vorrang in der Ausübung, solange kein konkretes Interesse an der Ausübung besteht.[31] In diesem Zusammenhang ist auf § 1028 Abs. 1 S. 1 BGB hinzuweisen, nach der die Dienstbarkeit sogar erlischt, wenn sie dauerhaft nicht ausgeübt wird.[32]

Eine Beeinträchtigung der Ausübung liegt zweifelsfrei nur vor, wenn das vorrangige Recht ein ausschließliches ist. Dies ist z.B. beim Wohnungsrecht der Fall, § 1093 BGB. Immer dann, wenn der Eigentümer im Verhältnis zum Nutzungsberechtigten zur Mitnutzung berechtigt geblieben ist, gilt aber zweierlei:

Zum einen bestimmt sich das Verhältnis des Nutzungsberechtigten zum Eigentümer nach § 745 Abs. 2 BGB.[33] Es besteht also jedenfalls eine wechselseitige Pflicht zum angemessenen Ausgleich der beiderseitigen Nutzungsinteressen.

---

30 NK-BGB/*Otto*, 5. Aufl. 2022, § 1024, Rn. 5.
31 Vgl. BGH, Urt. v. 29.9. 1993 – XII ZR 43/92, NJW 1993, 3326 (Nießbrauch der getrennten Eheleute).
32 Von einer „Ausübungsobliegenheit" spricht *Everts*, Entgeltliche Dienstbarkeiten – Dienstbarkeiten gegen Entgelt, MittBayNot 2022, 111 (113).
33 BGH, Urt. v. 19.9.2008 – V ZR 164/08, NJW 2008, 3703 (Parkplätze).

Zum anderen kann der Eigentümer seine Nutzungsbefugnis an Dritte weitergeben.[34] Er kann auch Dritten ein weiteres, inhaltsgleiches Nutzungsrecht bestellen. Dieses wird nachrangig. Der Mitwirkung des vorrangig Berechtigten an seiner Bestellung und Eintragung bedarf es nicht; er wird nicht im Sinne des § 19 GBO betroffen.[35]

Es lohnt sich also festzuhalten: Ein Vorrang in der Nutzung
- hindert die Entstehung und den Bestand eines nachrangigen Nutzungsrechtes nicht, sondern nur dessen Ausübung;
- entfaltet sich nicht abstrakt, sondern nur aufgrund Geltendmachung einer Beeinträchtigung; und
- ist damit ein Vorrang in der Durchsetzung eines konkreten Nutzungsinteresses: Das ausschließliche Wohnungsrecht sperrt den nachrangigen Nießbrauch. Der ungenutzte Nießbrauch sperrt die Nutzung durch den nachrangigen Nießbraucher. Aber das ungenutzte Leitungsrecht sperrt nicht die Führung der nachrangig abgesicherten Leitung.

Deswegen ergibt sich die Lösung von Ausübungskonflikten unter rangverschiedenen, aber gleichartigen Nutzungsrechten nicht notwendig bereits aus deren Rang zueinander.[36]

Mehr spricht vielmehr dafür, den Nutzungskonflikt auch unter rangverschiedenen Rechten über § 1024 BGB und damit entsprechend § 745 Abs. 2 BGB zu lösen. Denn warum sollte in deren Verhältnis etwas anderes gelten als im Verhältnis zum Eigentümer, der zur Mitnutzung berechtigt ist und von dem sich alle Nutzungsbefugnisse ableiten?

Dabei ist es Sache der Nutzungsberechtigen selbst, ihren Konflikt untereinander auszutragen und beizulegen. Der Eigentümer ist hieran nicht zu beteiligen; er wird nicht über die bestehenden Rechte hinaus belastet. Es genügt die Mitwirkung der Nutzungsberechtigten, um eine Regelung nach § 1024 BGB zu treffen. Denn die Berechtigten hätten es nach § 880 Abs. 2 S. 1 BGB in der Hand, den erforderlichen Gleichrang herzustellen. Bei der konkreten Regelung werden wiederum Gesichtspunkte der Priorität, des Bestandsschutzes und des Aushöhlungsverbotes für den vorrangig Berechtigten streiten. Vielleicht kann auch der Gedanke aus § 1025 BGB

---

34 Diesen Gedanken nutzt NK-BGB/*Otto*, 5. Aufl. 2022, § 1018, Rn. 28, um entgegen der hM die Belastung eines ideellen Anteils mit einer Dienstbarkeit für zulässig zu erklären; dann trete der Berechtigte hinsichtlich der überlassenen Nutzungsbefugnisse in die Gemeinschaft ein.
35 OLG München, Beschl. v. 17.6.2014 – 34 Wx 206/14, FG Prax 2014, 198.
36 *Volmer*, MittBayNot 2000, 387 (389) bejaht deswegen grundsätzlich die bessere Nutzungsbefugnis des Vorrangigen, erörtert aber dennoch die Lastenverteilung im Verhältnis zu nachrangig Berechtigten.

dahin fruchtbar gemacht werden, dass ihm die Ausübung seines bestehenden Rechts nicht beschwerlicher werden darf. Es entspricht aber sicher nicht billigem Ermessen, dass er die Ausübung des nachrangigen Rechts ohne eigenes Nutzungsinteresse untersagt.

4. Eintragung einer Regelung nach § 1024 BGB

Für die Rechtspraxis stellt sich die Frage, ob Regelungen nach § 1024 BGB eintragungsfähig sind.[37] Hiergegen wird zum einen eingewandt, dass eine Regelung nach § 1024 BGB den Inhalt des dinglichen Rechts nicht berühre.[38] Zum anderen wird angeführt, dass es sich um eine Regelung im Rahmen des Begleitschuldverhältnisses handele.[39]

Hierbei trifft zu, dass eine Regelung nach § 1024 BGB den Rechtsinhalt nicht berührt, der im Verhältnis zum Eigentümer besteht. Jede Regelung der Konkurrenten untereinander kann nur innerhalb des Rahmens wirken, den der Eigentümer gesetzt hat. Innerhalb dieses Rahmens sind die Berechtigen jedoch befugt, das Verhältnis ihrer Nutzungsrechte zueinander zu bestimmen. Weder eine Rangänderung, § 880 Abs. 2 S. 1 BGB, noch ein Verzicht auf das Nutzungsrecht, § 875 BGB, bedürfen der Mitwirkung des Eigentümers. Wenn die Berechtigten der betroffenen Rechte ohne Mitwirkung des Eigentümers den Rang ihrer Rechte ändern oder sogar auf das Recht ganz verzichten können, muss es ihnen auch möglich sein, die Ausübung des Rechts im Verhältnis zueinander zu regeln. Es handelt sich um eine Gestaltung des Nutzungsranges.[40]

Weiterhin gehört § 1024 BGB zum gesetzlichen Inhalt des Begleitschuldverhältnisses. Deswegen bildet § 1024 BGB sowohl mit der abstrakten Möglichkeit, den Berechtigten einer Ausübungsregelung zu unterwerfen, als auch mit deren konkreten jeweiligen Inhalt eine dem dinglichen Recht innewohnende Beschränkung.[41] Nach § 1024 BGB liegt es zunächst in der Gestaltungshoheit der Konkurrenten, ihren Streit durch eine Vereinbarung beizulegen. Gerade eine solche „Regelung" ist das erste Anspruchsziel aus § 1024 BGB. Es dient der Prozessökonomie und der Rechtssicherheit, solche Regelungen zur Eintragung zu bringen, gleich ob sie

---

37 Dafür Staudinger/*Weber*, 2017, § 1024, Rn. 10 und NK-BGB/*Otto*, 5. Aufl. 2022, § 1024, Rn. 12; dagegen BeckOGK-BGB/*Kazele*, 01.05.2022, § 1024, Rn. 37, 38.
38 BeckOGK-BGB/*Kazele*, 01.05.2022, § 1024, Rn. 37.
39 Hierzu Staudinger/*Weber*, 2017, § 1024, Rn. 10.
40 NK-BGB/*Otto*, 5. Aufl. 2022, § 1024, Rn. 13.
41 Staudinger/*Weber*, 2017, § 1024, Rn. 10.

durch Vereinbarung oder durch Urteil getroffen werden. Ihre Eintragung klärt den Nutzungsrang.

Es mag zwar der Entlastung des Grundbuchs (wegen § 874 BGB genauer der Grundakten) dienen, solchen Regelungen die Eintragung mit der Begründung zu versagen, es handele sich um eine bloße Ausübungsregelung, die den Inhalt des Rechts nicht berühre.[42] Was aber der qualitative Unterschied zwischen bloßer Ausübungsregelung und dem „eigentlichen" Inhalt der Dienstbarkeit sein soll, erschließt sich nicht. Es obliegt der Entscheidung des Bewilligenden, in welchem Detaillierungsgrad er die zulässige Nutzung regeln will. Das Begleitschuldverhältnis kann das Nutzungsrecht nur dort ergänzen oder verändern, wo das Recht selbst nicht schon die erforderliche Regelung trifft.

Daher ist eine konkrete Ausübungsregelung nicht notwendig eintragungspflichtig. Sie ist aber eintragungsfähig.[43] Beispielsweise kann vermerkt werden: *„Es besteht eine Ausübungsregelung im Verhältnis zu dem Recht II.2."*

III. Mehrheit von Berechtigten

Beispielsfall:

Eltern haben ihre Eigentumswohnung „Am Skihang" an die Tochter übertragen und sich hierbei ein Wohnungsrecht, § 1093 BGB, als „Gesamtberechtigte nach § 428 BGB" vorbehalten.
In der Trennung streiten die Eltern miteinander und der Tochter, wer wem wann die Wohnung gewähren muss.

1. Die Suche nach dem „richtigen" Gemeinschaftsverhältnis

Wird ein Recht nicht für eine natürliche oder rechtsfähige Vereinigung oder Bruchteilsgemeinschaft eingetragen, so ist gleichwohl das Gemeinschaftsverhältnis zu bezeichnen. Es gilt § 47 GBO:

Soll ein Recht für mehrere gemeinschaftlich eingetragen werden, so soll die Eintragung in der Weise erfolgen, daß entweder die Anteile der Berechtigten

---

42 So BeckOGK-BGB/*Kazele*, 01.05.2022, § 1024, Rn. 37 und MüKo-BGB/*Mohr*, 8. Aufl. 2020, § 1024, Rn. 3.
43 So Staudinger/*Weber*, 2017, § 1024, Rn. 13 im Anschluss an NK-BGB/*Otto*, 5. Aufl. 2022, § 1024, Rn. 13.

in Bruchteilen angegeben werden oder das für die Gemeinschaft maßgebende Rechtsverhältnis bezeichnet wird.

Welches Gemeinschaftsverhältnis unter mehreren Nutzungsberechtigten das richtige sei, ist lange diskutiert.[44] Eine Bruchteilsgemeinschaft bei Dienstbarkeiten wird abgelehnt.[45] Eine Eintragung mehrerer Berechtigter mit dem Vermerk, dass diese entsprechend §§ 1024, 1025 BGB berechtigt seien, ist selten.[46]

Aber auch keines der unter §§ 420 ff. BGB normierten Berechtigtenverhältnisse passt so recht:

Teilgläubiger, § 420 BGB, können die Gläubiger nur sein, wenn der Leistungsgegenstand teilbar ist. Ein Unterlassen oder ein Benutzenlassen ist aber schon keine teilbare Aktivität, sondern ein unteilbares Dulden. Ein jeder Berechtigter hat hier den vollen Anspruch.

Anwachsungsgläubiger sind nach §§ 471, 461 BGB mehrere Berechtigte eines Rechts zum Vor- oder zum Wiederkauf. Dies ist aber eine besondere Form der Teilgläubigerschaft, zu der §§ 471, 461 BGB letztlich bestimmen, welche Folge die Nichtausübung durch einen Gläubiger für die Ansprüche der übrigen Gläubiger hat. Sie findet jüngst Anerkennung für Ansprüche auf Auflassung.[47]

Mitgläubiger einer unteilbaren Leistung, § 432 BGB, wären die Berechtigten, wenn sie nur gemeinsam das Verlangen stellen könnten.[48] Den Anspruch auf Unterlassen und Duldung der Nutzung aus der Dienstbarkeit soll aber jeder Gläubiger für sich geltend machen können. Hierzu hat der BGH bereits 1966 ausgeführt:[49]

„Im Normalfall der Abwicklung werden allerdings die sämtlichen Wohnungsrechte gleichzeitig ausgeübt, und der Belastete (Eigentümer) muß nicht nur das Wohnen des einen, sondern das gleichzeitige Wohnen aller Berechtigten dulden; hierin liegt eine an die Gesamthand oder die Mitberechtigung

---

44 Übersicht bei *Oppermann/Scholz*, DNotZ 2017, 4, 7 ff.
45 *Oppermann/Scholz*, DNotZ 2017, 4 (7): „praktisch nicht zu empfehlen"; KEHE/ Keller, GBR, 7. Aufl. 2015, § 47 GBO, Rn. 7: „nur bei Bruchteilsberechtigung am herrschenden Grundstück".
46 S. o. Fn. 4.
47 Nach OLG Saarbrücken, Beschl. v. 21.9.2021 – 5 W 49/21 jetzt auch möglich bei der Vormerkung auf Rückauflassung, deren Verfahren dem Wiederkauf angenähert ist; vgl. zu den Schwierigkeiten bei der Ausübung „nur für sich": DNotI-Gutachten Nr. 187528 v. 21. April 2022.
48 Siehe auch § 18 GmbHG.
49 BGH, Urt. v. 21.12.1966 – V ZB 24/66, DNotZ 1967, 183; eine solche Modifikation ablehnend: Schöner/*Stöber*, GrundbuchR, 2020, Rn. 112.

des § 432 BGB anklingende Besonderheit gegenüber dem Normalfall einer Gesamtberechtigung."

Hieraus hat die Praxis die sog. Modifizierte Gesamtgläubigerschaft entwickelt und zur Regel erhoben.[50] In die Rechtsfolgen des § 428 BGB sind Elemente des § 430 BGB praktisch inkorporiert worden:[51] Der Schuldner wird nicht durch Leistung an einen Gläubiger befreit.[52] Kein Gläubiger kann zu Lasten der anderen über den Anspruch verfügen.[53] Auch wenn ein Gläubiger als Berechtigter ausscheidet, verbleibt den übrigen Gläubigern der volle Anspruch.[54]

Aus der Beschäftigung mit §§ 428, 432 BGB folgen für unser Thema zwei Erkenntnisse:

Zum einen:

Diese Vorschriften regeln lediglich das Außenverhältnis gegenüber dem Eigentümer. Dies klarzustellen ist auch das vordringliche Anliegen des § 47 Abs. 1 GBO. Das Innenverhältnis der Berechtigten untereinander bestimmen sie nicht.

Zum anderen:

Diese Vorschriften verhalten sich möglicherweise nicht zur Inhaberschaft des Rechts als solcher, sondern lediglich zur „Empfangszuständigkeit"[55] der hieraus fließenden Ansprüche. Eine aktuelle Untersuchung unterscheidet zwischen dem Stammrecht, also dem Nutzungsrecht selbst, und den hieraus folgenden Befugnissen.[56] Diese Unterscheidung ist den

---

50 *Oppermann/Scholz*, DNotZ 2017, 4, 7 f.; mit Bedenken KEHE/*Keller*, GBR, § 47 GBO, Rn. 13; *Kesseler*, NJW 2017, 1814 sieht den Grund für den praktischen Erfolg allein im millionenfachen Vollzug.
51 Grundlegend, wenngleich kritisch *Amann*, Auf der Suche nach einem interessengerechten und grundbuchtauglichen Gemeinschaftsverhältnis, DNotZ 2008, 324; aktuell *Jung/Szalai*, Mehrberechtigungsverhältnisse verdinglichter bzw. grundbuchlich gesicherter Rechte – Teil I, notar 2022, 53, 55.
52 Kritisch dazu MüKo-BGB/*Heinemeyer*, 9. Aufl. 2022, § 428, Rn. 13.
53 BGH, Beschl. v. 13.10.2016 – V ZB 98/15, NJW 2017, 1811 Rn. 11; OLG München, Beschl. v. 2.10.2019 – 34 Wx 316/19 (Löschung einer Grundschuld).
54 Zu den Grenzen einer solchen Regelung OLG Hamm, Urt. v. 3.5.2017 – I-15 W 495/16.
55 *Grüneberg/Grüneberg*, BGB, 81. Aufl. 2022, § 432, Rn. 1.
56 Schon MüKo-BGB/*K. Schmidt*, 8. Aufl. 2020, § 741 Rn. 12 stellt fest, dass die Anwendung des § 428 BGB nur bei forderungsakzessorischen Rechten angezeigt ist; diesen Gedanken bauen überzeugend aus *Jung/Szalai*, Mehrberechtigungsverhältnisse verdinglichter bzw. grundbuchlich gesicherter Rechte – Teil II, notar 2022, 78 (79 f.); auch *Kesseler*, DNotZ 2010, 123 unterscheidet bereits „Innehabungsmodus" und „Durchsetzungsmodus".

Nutzungsberechtigen als Unterscheidung zwischen Stammrecht und Ausübungsbefugnis geläufig (vgl. § 1059 BGB).

2. Die quotenlose Rechtsgemeinschaft

Diese Überlegungen führen zu der Frage, welchem Recht das Innenverhältnis der Berechtigtenmehrheit unterliegen soll. Hierzu besteht Einigkeit, dass auf Nutzungsgemeinschaften und mehrere Inhaber gleichartiger Rechte die §§ 742 ff. BGB sinngemäß angewandt werden können.[57] Diese Vorschriften bilden den Grundtypus der gemeinschaftlichen Inhaberschaft eines Rechts (mit Sonderregelungen für das Bruchteilseigentum, §§ 1008 ff. BGB). Ihre Anwendung überzeugt mehr als der Einsatz anderer Institute:
 - Die §§ 705 ff. BGB kommen schon deswegen nicht zur Anwendung, weil es an einer vertraglichen Regelung der verschiedenen Berechtigten häufig fehlt, aber auch deswegen weil sie keinen gemeinsamen Zweck verfolgen, der über die bloße Nutzung hinausginge.[58] In den §§ 705 ff. BGB fehlt auch eine Regelung, die § 745 Abs. 2 BGB entspricht. Zudem wäre die so konstruierte GbR von der jederzeitigen Kündigung bedroht; statt § 749 Abs. 2 BGB gilt § 723 BGB.[59]
 - Eine Anwendung des Auftragsrechts[60] löst die Gemeinschaft in Einzelbeziehungen auf, deren Überlagerung es nicht bewältigen kann. Zudem bestünde auch hiernach stets ein Kündigungsrecht.

Die Qualifikation des Innenverhältnisses als eine „schlichte Rechtsgemeinschaft"[61] führt demgegenüber zu sachgerechteren Ergebnissen; sie verhindert das Abgleiten in ein Regelungs-Nirwana, ohne den Beteiligten mehr an Regelungen überzustülpen, als sich aus dem gemeinsamen Nutzungsanliegen ergibt. Daher überzeugt die Annahme einer quotenlosen Gemeinschaft an den beschränkten dinglichen Rechten schon in der Theorie.[62]

---

57 MüKo-BGB/*K.Schmidt*, 8. Aufl. 2020, § 741, Rn. 75f.
58 Zur Abgrenzung von Zweckverfolgung zum gemeinsamen Nutzungsinteresse OLG Karlsruhe, Urt. v. 12.7.1991 – 9 U 87/90, NJW-RR 1992, 722, 723 (Heizzentrale).
59 OLG Karlsruhe, Urt. v. 12.7.1991 – 9 U 87/90, NJW-RR 1992, 722, 723.
60 OLG Düsseldorf, Urt. v. 30.7.2019 – 24 U 157/18 (Heizungsversorgung).
61 OLG Karlsruhe, Urt. v. 12.7.1991 – 9 U 87/90, NJW-RR 1992, 722.
62 Grundlegend *Jung/Szalai*, Mehrberechtigungsverhältnisse verdinglichter bzw. grundbuchlich gesicherter Rechte Teil II, notar 2022, 78 ff.

Sie entspricht zudem der ständigen Rechtsprechung:
a) Zum Innenverhältnis der Berechtigten formulierte der BGH mit Urteil vom 08.05.1996 (XII ZR 254/94, NJW 1996, 2153) noch vorsichtig:

"Soweit das BerGer. aus diesen Erwägungen folgert, auf die Rechtsbeziehungen zwischen Mitberechtigten eines Wohnungsrechts sei § 745 Absatz II BGB nicht anwendbar, trifft das in dieser Allgemeinheit nicht zu. Jedenfalls wenn und solange eine Nutzungsgemeinschaft zwischen ihnen tatsächlich besteht, kann über Streitigkeiten, etwa über die Abgrenzung des beiderseitigen Mitgebrauchs, auf der Grundlage einer entsprechenden Anwendung des § 745 Absatz II BGB nach billigem Ermessen entschieden werden."

Und jetzt nachdrücklich:[63]

"Grundsätzlich kann bei Nutzungsgemeinschaften auf die für die Bruchteilsgemeinschaft geltenden Vorschriften zurückgegriffen werden, soweit das Gesetz für das Verhältnis der Berechtigten untereinander keine Regelung bereithält."

b) Zum Außenverhältnis gegenüber dem Eigentümer stellte der BGH mit Urteil vom 19.09.2008 (V ZR 164/08, NJW 2008, 3703 (Parkplätze)) fest:

"Sind der Berechtigte einer Grunddienstbarkeit und der Eigentümer des dienenden Grundstücks zur gleichberechtigten Mitnutzung des Grundstücks befugt, können sie voneinander in entsprechender Anwendung von § 745 II BGB eine Ausübungsregelung verlangen."

c) Im Verhältnis zu anderen Berechtigten gilt nach einem Urteil des BGH vom 18.03.2019 (V ZR 343/17 (Privatstraße)):

"Sind die Berechtigten einer Grunddienstbarkeit und der Eigentümer des dienenden Grundstücks zur gleichberechtigten Mitnutzung des Grundstücks befugt, können sie voneinander in entsprechender Anwendung von § 745 Abs. 2 BGB eine Regelung verlangen, dass die Unterhaltungspflicht für die der Ausübung der Dienstbarkeit dienenden Anlagen einheitlich wahrgenommen wird, wenn anders eine geordnete und sachgerechte Erfüllung dieser Pflicht nicht gewährleistet ist. Die Kosten für die einheitliche Wahrnehmung der Unterhaltungspflicht tragen in einem solchen Fall entsprechend §§ 748, 742 BGB anteilig die Dienstbarkeitsberechtigten und der mitnutzungsberechtigte Grundstückseigentümer."

---

[63] BGH, Urt. v. 6.3.2020 – V ZR 329/18, DNotZ 2021, 275 Rn. 9 (Nießbrauch der geschiedenen Eheleute); ebenso bereits BGH, Urt. v. 29.9. 1993 – XII ZR 43/92, NJW 1993, 3326 (Nießbrauch der getrennten Eheleute).

3. Anwendbare Bestimmungen aus §§ 741 ff. BGB

Welche der Bestimmungen aus §§ 741 ff. BGB im Einzelnen zur Anwendung kommen, kann hier nicht abschließend untersucht werden. Ist das Nutzungsrecht von Anfang an zu Gunsten mehrerer Berechtigter und unter deren Mitwirkung begründet worden, liegt es nahe, die §§ 741 ff. BGB bis einschließlich § 748 BGB vollumfänglich anzuwenden. Die Bestimmungen der § 742 und § 745 Abs. 1 S. 2 BGB, nach denen im Zweifel gleiche Anteile und gleiche Stimmen bestehen, decken sich mit § 430 BGB. Dabei setzt die Anwendung des § 743 Abs. 2 BGB allerdings ein konkretes Nutzungsinteresse voraus.[64] Der Ausweg aus der Gemeinschaft ist hingegen jedenfalls versperrt. Ein Anspruch auf Aufhebung der Gemeinschaft nach §§ 749 ff. BGB besteht nicht.[65] Dies begründet sich schon daraus, dass das gemeinschaftliche Recht unveräußerlich ist. Wenn das gemeinschaftliche Recht unveräußerlich ist, scheint die Frage überflüssig, ob etwaige Beschlüsse und Vereinbarungen einen Rechtsnachfolger über § 746 BGB binden.[66]

IV. Die Ausübungsregelung und ihre Verdinglichung

Aus den bisherigen Untersuchungsschritten ergibt sich, dass die Berechtigten inhaltsgleicher Nutzungsrechte untereinander Regelungen über die Ausübung ihrer Rechte im Verhältnis zueinander treffen können. Unter Inhabern verschiedener Rechte könnten sich solche Vereinbarungen auf § 1024 BGB stützen. Dieser gilt jedenfalls für das Verhältnis ranggleicher Rechte zueinander. In gleicher Weise kann § 1024 BGB auch unter rangverschiedenen Rechten zur Anwendung gebracht werden. Inhaltlich ver-

---

64 BGH, Urt. v. 8.5.1996 – XII ZR 254/94, NJW 1996, 2153 (2154) hat sich der Frage, ob § 743 Abs. 1 BGB anwendbar sei, mit dem Argument entzogen, dass für den fraglichen Zeitraum kein konkretes Nutzungsinteresse bestand (weil der klagende Ehegatte bereits aus der Wohnung ausgezogen war, an der ihm ein Wohnungsrecht gemäß § 428 BGB mit dem beklagten Ehegatten zustand); hierzu stellt der BGH fest, dass „von einer Nutzungsgemeinschaft, die Grundlage einer entsprechenden Anwendung des § 745 Abs. 2 BGB sein könnte, nach dem Auszug des einen [der Eheleute] nicht mehr ausgegangen werden könne; NK-BGB/*Otto*, 5. Aufl. 2022, § 1018, Rn. 36 weist in Fn. 218 darauf hin, dass wegen § 743 Abs. 2 BGB das Ausübungsrecht eben nicht zwingend geteilt werden muss.
65 BGH, Urt. v. 6. 3. 2020 – V ZR 329/18, DNotZ 2021, 275, Rn. 9 (Nießbrauch der geschiedenen Eheleute).
66 NK-BGB/*Kuhn/Radlmayer*, 3. Aufl. 2016, § 746, Rn. 1.

weist § 1024 BGB auf § 745 BGB. Unter mehreren Inhabern eines dinglichen Nutzungsrechts findet § 745 BGB direkte Anwendung; diese bilden auch ohne Quoten eine Rechtsgemeinschaft. Sie können ihr Verhältnis untereinander stets durch Vereinbarung regeln. Eine solche Vereinbarung soll im Folgenden als „Ausübungsregelung" bezeichnet werden.

Unter „Ausübungsregelung" wird dabei sowohl eine Vereinbarung unter Inhabern mehrerer Rechte nach § 1024 BGB als auch eine Vereinbarung unter mehreren Berechtigten eines Rechts verstanden. Denn in beiden Gestaltungen wird damit gegenüber den übrigen Berechtigten geregelt, wer welche Befugnisse aus seinem bzw. dem gemeinsamen dinglichen Recht im Verhältnis zum konkurrierenden Berechtigten eines gleichen bzw. desselben Rechts geltend machen kann. Im Verhältnis zum belasteten Eigentümer bleibt der Inhalt des Rechts und aller hieraus fließenden Ansprüche gegen diesen unverändert.

Eine solche Ausübungsregelung unter mehreren Berechtigten ist zunächst eine schuldrechtliche Vereinbarung. Im Kontext des Grundstücksrechts stellt sich aber die Frage, ob ihr dingliche Wirkung beigelegt werden kann. Dabei ist zunächst zu untersuchen, ob sie überhaupt dinglicher Wirkung bedarf (dazu 1.), sodann ob sie nicht ohnehin dingliche Wirkung hat (dazu 2.) und zuletzt, ob sie durch Eintragung dingliche Wirkung erlangen kann (dazu 3.). Ergänzend bleibt festzuhalten, dass die Ausübungsregelung als Ausübungsbedingung quasi verdinglicht werden kann (dazu 4.).

1. Bedarf zur Verdinglichung

Verdinglichung eines Rechts bedeutet, ihm folgende Wirkungen (mit Abstufungen im Einzelnen) zu verleihen:[67]

- Ein dingliches Recht gewährt absoluten Rechtsschutz gegenüber Dritten über § 1004 BGB.
- Ein dingliches Recht genießt erhöhten Schutz in Pfändung und Insolvenz.
- Ein dingliches Recht ist dank des Trennungs- und Abstraktionsprinzips in seinem Bestand und in seinem Inhalt unabhängig von dem zugrundeliegenden Verpflichtungsgeschäft.
- Ein dingliches Recht kann einerseits gutgläubig erworben werden.

---

67 Dazu in diesem Band: *Richter*, Sharing Economy durch Mobiliarnießbrauch, S. 87 ff.

- Als Belastung verpflichtet das dingliche Recht andererseits den jeweiligen Erwerber des belasteten Gegenstandes.

a) Zur Sonderrechtsnachfolge in ein Nutzungsrecht

Die vorbeschriebenen Wirkungen sind jeweils nur erforderlich, wenn überhaupt eine Sonderrechtsnachfolge in das betroffene Recht möglich ist. Dies scheint fernliegend. Denn es gilt doch der Grundsatz, dass die dinglichen Nutzungsrechte unübertragbar sind.[68] Allerdings gilt dieser Grundsatz nur eingeschränkt. Dies zeigt eine Betrachtung der einzelnen Nutzungsrechte:

aa) Nießbrauch

Der Grundsatz der Unübertragbarkeit findet für den Nießbrauch seinen Ausdruck in § 1059 BGB:

„Der Nießbrauch ist nicht übertragbar. Die Ausübung des Nießbrauchs kann einem anderen überlassen werden."

Schon Satz 2 des § 1059 BGB deutet an, dass das Prinzip nicht uneingeschränkt gilt. Die Befugnis, die Ausübung des Nießbrauchs einem anderen zu überlassen, ermöglicht es jedenfalls, die aus dem Stammrecht fließenden Rechte (vorab) abzutreten oder sonst wie hierüber zu verfügen, auch sie zu verpfänden, vielleicht sogar an der Ausübungsbefugnis selbst wiederum einen Nießbrauch zu bestellen.[69] Der Grat, auf dem sich der unübertragbare Nießbrauch als solcher von der zu überlassenden Befugnis scheidet, scheint kaum breiter als der Spalt in einem Haar.[70] Der Pfändung unterliegt nach heute h.M. daher nicht mehr (nur) die Ausübungsbefugnis, sondern das Nießbrauchsrecht selbst.[71] Und zuletzt: Ist der Nießbrauch für eine juristische Person bestellt, gilt § 1059a BGB.

---

68 Zum wirtschaftlichen Bedürfnis nach Übertragbarkeit und den Argumenten hiergegen Staudinger/*Heinze*, 2021, § 1059, Rn. 1.
69 MüKo-BGB/*Pohlmann*, 8. Aufl. 2020, § 1069, Rn. 15.
70 MüKo-BGB/*Damrau*, 8. Aufl. 2020, § 1274, Rn. 12: „Der Nießbraucher selbst hat zwar keinen vom Nießbrauch zu unterscheidenden Anspruch auf Ausübung. Er kann dennoch selbst seine Ausübung des Nießbrauchs verpfänden.".
71 Erman/*Schmidt*, BGB, 16. Aufl. 2020, § 1274, Rn. 10.

bb) Beschränkte persönliche Dienstbarkeit

Für die beschränkte persönliche Dienstbarkeit gilt § 1092 Abs. 1 BGB:

"Eine beschränkte persönliche Dienstbarkeit ist nicht übertragbar. Die Ausübung der Dienstbarkeit kann einem anderen nur überlassen werden, wenn die Überlassung gestattet ist."

Diese Norm fasst den Grundsatz strenger. Mangels Vereinbarung fallen die Rechte aus der beschränkten persönlichen Dienstbarkeit auch nicht in die Insolvenzmasse des Berechtigten.[72] Ist die Berechtigte aber eine juristische Person oder rechtsfähige Gesellschaft, gilt über § 1092 BGB wiederum § 1059a BGB.[73] Und jedenfalls kann die Überlassung zur Ausübung an Dritte durch den Eigentümer gestattet werden. Diese Gestattungsvereinbarung kann in das Grundbuch eingetragen werden, muss es aber nicht.[74]

cc) Grunddienstbarkeit

Die Rechte aus der Grunddienstbarkeit stehen dem jeweiligen Eigentümer des herrschenden Grundstücks zu. Sie werden also jedenfalls mit diesem Eigentum übertragen (§ 96 BGB). Und sie können als Bestandteil dieses Eigentums auch Dritten im Wege der Grunddienstbarkeit oder beschränkten persönlichen Dienstbarkeit am herrschenden Grundstück weitergegeben werden oder einem fremden Nießbrauch am herrschenden Grundstück unterfallen.[75] Eine solche Befugnis zur Überlassung besteht, sofern

---

72 BGH, Urt. v. 25.9.1963 – VIII ZR 39/62, NJW 1963, 2319.
73 Deswegen stuft NK-BGB/*Otto*, 5. Aufl. 2022, § 1018, Rn. 5 die beschränkte persönliche Dienstbarkeit für eine juristische Person als veräußerbares Recht ein.
74 BeckOK-BGB/*Reischl*, 01.05.2022, § 1092, Rn. 7.
75 NK-BGB/*Otto*, 5. Aufl. 2022, § 1018, Rn. 40; DNotI-Report 2016, 101 (103) (Überlassung der Ausübung eines Wegerechts an den Erbbauberechtigten); OLG Hamm, Beschl. v. 12.2.2008 – 15 W 360/07, NJW-RR 2008, 1609 hält die Überlassung im Wege des dinglichen Nutzungsrechts für möglich und untersagt nur die Bestellung einer persönlichen Dienstbarkeit, die sich auf die isolierte Ausübung der Nutzungsbefugnisse beschränkt. Es besteht also kein Überlassungsverbot, sondern nur ein Entkoppelungsverbot gegen eine isolierte Überlassung der Befugnisse, die unabhängig von der Nutzung des herrschenden Grundstücks im Übrigen erfolgt.

die Überlassung mit dem Rechtsinhalt vereinbar/vorhersehbar ist und nicht ausgeschlossen wurde.[76]

dd) Zusammenfassung

Das Dogma von der Unübertragbarkeit der dinglichen Nutzungsrechte gilt jedenfalls für die Grunddienstbarkeit nicht, für die beschränkte persönliche Dienstbarkeit und den Nießbrauch nur eingeschränkt. Mit dem Eigentum am herrschenden Grundstück erwirbt der Erwerber auch das Recht aus der Grunddienstbarkeit selbst. Daneben ist es zulässig, die Ausübung des Nutzungsrechts einem Dritten zu überlassen, es sei denn, dass eine solche Überlassung (i) dem abstrakten Typus des Stammrechts oder (ii) dessen konkreter Ausgestaltung widerspricht.[77]

b) Exkurs zur Überlassung der Ausübung

An dieser Stelle soll vertieft werden, welche Rechte eine Überlassung zur Ausübung dem Dritten überhaupt vermittelt. Soweit es um Nutzungsrechte geht, ist dabei einerseits zu bedenken, welche Einreden der Dritte dem Eigentümer oder dem Stammberechtigten aus der Überlassung entgegenhalten kann, wenn er von diesen auf Unterlassung seiner Nutzung in Anspruch genommen wird. Es zeigt sich Folgendes:[78]

- Der Dritte erwirbt gar kein eigenes Recht, wenn es dem Stammberechtigten vorbehalten bleibt, einen Unterlassungsanspruch des Eigentümers gegen den Dritten abzuwehren. Der Dritte ist in diesen Fällen nur reflexhaft begünstigt (Ausstrahlungswirkung).[79] Der Familienangehörige des Wohnungsberechtigten, der Besucher/Lieferant des Wegeberechtigten[80] hat keine eigene Einrede gegen den Eigentümer.

---

76 Grüneberg/*Herrler*, 81. Aufl. 2022, § 1018 BGB, Rn. 34 unter Verweis auf BGH, DNotZ 2016, 289 Rz. 47; ähnlich NK-BGB/*Otto*, 5. Aufl. 2022, § 1018, Rn. 40.
77 Staudinger/*Heinze*, 2021, § 1059, Rn. 9: § 1059 S. 2 enthält nachgiebiges Recht; MüKo-BGB/*Pohlmann*, 8. Aufl. 2020, § 1069, Rn. 16: § 1069 Abs. 2 ist Auslegungsregel.
78 Übersicht zu den Rechtsfolgen der Ausübungsüberlassung bei MüKo-BGB/*Pohlmann*, 8. Aufl. 2020, § 1059 BGB, Rn. 5-19; BeckOK-BGB/*Reischl*, 01.05.2022, § 1059, Rn. 10 f.
79 DNotI-Gutachten v. 12.9.2006, Nr. 70435.
80 BGH, Urt. v. 21.5.1971 – V ZR 8/69.

– Der Dritte erwirbt ein Recht nur gegen den Stammberechtigten, von dem er die belastete Sache beispielsweise mietet oder leiht.[81] Er hat damit schuldrechtliche Ansprüche gegen den Stammberechtigten, insbesondere kann er dessen Anspruch aus § 1027, 1004 BGB die Einrede aus § 1004 Abs. 2 BGB entgegensetzen.[82] Er erwirbt aber keine Befugnisse oder Rechte gegenüber dem Eigentümer oder anderen Dritten. Sein Recht gegen den Stammberechtigten besteht unabhängig von dem Stammrecht, denn es ist ein anderes Recht.[83] Der Stammberechtigte kann über das Stammrecht verfügen und hierauf verzichten; er bricht dann vielleicht den Vertrag mit dem Dritten, ist aber nicht auf dessen Mitwirkung angewiesen. Die Regelung des § 1056 Abs. 2 BGB (nach der bei Erlöschen des Nießbrauchs der Mietvertrag auf den Eigentümer entsprechend § 566 BGB übergeht) belegt dies.[84] Denn sie wäre entbehrlich, hätte der Mieter des Nießbrauchers ein eigenes Recht gegen den Eigentümer.

– Der Dritte wird von dem Stammberechtigten im Wege der Ermächtigung befugt, bestimmte Rechte geltend zu machen, insbesondere die Einrede gegenüber dem Eigentümer aus §§ 1004 Abs. 2, 986 BGB. In gleicher Weise können dem Dritten weitere Befugnisse zur Ausübung übertragen werden, insbesondere die Einreden, aber auch die Befugnisse aus § 1027 iVm § 1004 BGB, die dem Stammberechtigten gegen andere Personen zustehen. Eine solche Ermächtigung erfolgt nach § 185 BGB.[85] Sie nimmt dem Stammberechtigten nicht die eigene Verfügungsbefugnis.

– Dem Dritten werden einzelne oder mehrere, vielleicht sogar alle künftigen Ansprüche aus dem Stammrecht abgetreten, mit einem Nießbrauch belastet oder verpfändet.[86]

Keine der vorgenannten Verfügungen ist eine Verfügung über das Recht am Grundstück selbst im Sinne des § 873 Abs. 1 BGB. Deswegen bedarf die Überlassung eines Nutzungsrechts zur Ausübung zu ihrer Wirk-

---

81 Zur Abgrenzung der Ausübungsüberlassung von der Vermietung/Verpachtung der Nießbrauchssache MüKo-BGB/*Pohlmann*, 8. Aufl. 2020, § 1059, Rn. 10, die selbst die Vermietung für einen Unterfall der Ausübungsüberlassung hält (Rn. 11).
82 BGH, Urt. v. 21.12.2012 – V ZR 221/11, NJW 2013, 1963, 1965.
83 BGH, Urt. v. 20.10.1989 – V ZR 341/87, NJW 1990, 443.
84 Hierzu MüKo-BGB/*Pohlmann*, 8. Aufl. 2020, § 1059, Rn. 7.
85 In diese Richtung auch BeckOK-BGB/*Reischl*, 01.05.2022, § 1059, Rn. 6.
86 BGH, Urt v. 18.12.1970 – V ZR 31/68, NJW 1971, 422: „Mit dinglicher Wirkung überlassen werden können allerdings die aus dem Nießbrauch fließenden Einzelrechte, wenn und soweit diese für sich betrachtet rechtlich übertragbar sind.".

samkeit auch keiner Eintragung im Grundbuch.[87] Dabei ist die konkrete Überlassung vom Stammberechtigten an einen bestimmten Dritten stets zu unterscheiden zwischen der abstrakten Vereinbarung zwischen dem Eigentümer und dem Stammberechtigten, die ggf. eine solche Überlassung erst gestattet (oder ausschließt).[88] Weiterhin ist die Überlassung von einzelnen Befugnissen zur Ausübung und auch die Abtretung von einzelnen, mehreren oder sogar allen künftigen Ansprüchen hieraus stets zu unterscheiden von der Verfügung über das Stammrecht selbst. Der eingetragene Berechtigte bleibt im Verhältnis zum Eigentümer und zu anderen nach- oder vorrangig Berechtigten befugt, das dingliche Recht selbst aufzuheben oder seinen Inhalt oder Rang zu ändern.

c) Schlussfolgerungen zur Sonderrechtsnachfolge

Aus dem Vorstehenden ergeben sich verschiedene Schlussfolgerungen:
Zunächst:
Eine Sonderrechtsnachfolge in dingliche Nutzungsrechte ist möglich. Insbesondere die Rechte aus einer Grunddienstbarkeit gehen auf den Erwerber des herrschenden Grundstücks über. Zudem können gegebenenfalls im Wege der Ausübungsüberlassung Befugnisse auf Dritte übertragen und diesen Ansprüche aus dem Stammrecht abgetreten werden.
Sodann:
Die Befugnis zur Überlassung der Ausübung kann durch Einigung zwischen Eigentümer und Stammberechtigten erweitert bzw. beschränkt werden. Es ist also in den Grenzen des Typenzwanges zulässig, Befugnisse zur

---

87 Staudinger/*Heinze*, 2021, § 1059, Rn. 21: „Da der Ausübungsberechtigte nur eine obligatorische Rechtsstellung erhält, für die kein Recht an dem belasteten Grundstück bestellt wird und auch der in der Überlassung liegende Wechsel in der Person des Ausübungsberechtigten keine Änderung des Inhalts des Nießbrauchs bewirkt, kann die Überlassung nicht in das Grundbuch eingetragen werden (mwN). Eine dennoch erfolgte Eintragung steht nicht unter dem Schutz des öffentlichen Glaubens des Grundbuchs nach § 892 BGB (mwN). Ebensowenig kann eine Verpfändung oder Pfändung in das Grundbuch eingetragen werden, weil sie nicht stärker wirken kann als die nur – schuldrechtliche und damit nicht eintragungsfähige – Überlassung der Ausübung selbst (jeweils mwN)."; ebenso MüKo-BGB/*Pohlmann*, 8. Aufl. 2020, § 1059, Rn. 13 mwN in Fn. 32; BeckOK-BGB/*Reischl*, 01.05.2020, § 1059, Rn. 8; Erman/*Bayer*, BGB, 16. Aufl. 2020, § 1059, Rn. 6; gegen eine Eintragung der Verpfändung des Nießbrauchs, MüKo-BGB/*Damrau*, 8. Aufl. 2020, § 1274, Rn. 12.
88 Hierzu und zu deren Eintragung oben bei Fn. 74.

Überlassung der Ausübung durch Eintragung zum Inhalt des dinglichen Rechtes zu machen.

Und schließlich:

Ungeachtet des Umstandes, dass der Stammberechtigte Dritten die Ausübung seines Rechtes überlassen hat oder sogar Ansprüche hieraus abgetreten hat, verbleibt ihm die Befugnis, (weitere) Regelungen zur Ausübung des Rechts zu treffen. Denn die Überlassung zur Ausübung wirkt mangels Eintragung nicht selbst dinglich. Deswegen gilt der Inhaber des Stammrechts jedenfalls gegenüber weiteren Dritten als verfügungsbefugt (§§ 892, 893 BGB); er bleibt kompetent, das Stammrecht aufzugeben, seinen Inhalt oder seinen Rang zu ändern. Hierfür streitet auch der Gedanke des Abspaltungsverbotes.

2. Verdinglichung durch Eintragung

Eine dingliche Wirkung muss nicht durch Eintragung herbeigeführt werden, wenn die Vereinbarung oder Regelung ohnehin für jeden Inhaber des Rechts gilt.

a) Dingliche Wirkung kraft Begleitschuldverhältnis

Hier wird zu § 1024 BGB vertreten, dass die hieraus folgenden Beschränkungen dem dinglichen Recht immanent seien.[89]

Dies kann aber nur abstrakt gelten: Die Beschränkbarkeit nach § 1024 BGB ist dem Nutzungsrecht zwingend eingeschrieben. Die konkrete Beschränkung entsteht erst durch die konkrete Regelung. Deren Inhalt hängt wiederum von den jeweiligen Umständen ab, die das billige Ermessen bestimmen. Hier kann beispielsweise ein Wechsel in der Person eines Berechtigten und damit den Ausübungsbedürfnissen eine Nachjustierung veranlassen. Wenn der konkreten Regelung also dingliche Wirkung auch

---

89 *Oppermann/Scholz*, DNotZ 2017, 4, 6 formuliert: „Individuelle Regelungen mit dinglicher Wirkung sind dagegen nicht möglich, weil zwischen den Beteiligten nur das gesetzliche Schuldverhältnis besteht."; eine Wirkung gegen Rechtsnachfolger eo ipso sieht auch BeckOGK-BGB/*Kazele*, 01.05.2022, § 1023, Rn. 38 unter Verweis auf Staudinger/*Weber*, § 1024, Rn. 10; dieser vertritt die Auffassung, dass Regelungen nach § 1024 BGB eine dem dinglichen Recht innewohnende Beschränkung darstellen und hält sie demnach für eintragungsfähig, aber nicht für eintragungspflichtig.

gegenüber Rechtsnachfolgern verliehen werden soll, trägt § 1024 BGB dies gerade nicht. Im Gegenteil: Hieraus könnte im Einzelfall ein Anspruch auf Anpassung der bisherigen Regelung entstehen.[90] Soll also der konkrete Inhalt einer Vereinbarung der Berechtigten verdinglicht werden, ist die Eintragung zweckmäßig.[91]

b) Dingliche Wirkung kraft Gemeinschaft, § 746 BGB

Weiterhin wäre zu bedenken, ob über § 1024 BGB bzw. im Gefolge des § 745 BGB auch § 746 BGB zur Anwendung gelangt. Dann würden die getroffenen Vereinbarungen ohne weiteres (also auch ohne Eintragung) für die Sondernachfolger gelten.

§ 746 BGB kann einerseits als allgemeiner Grundsatz des Rechts der Gemeinschaft begriffen werden.[92] Dann wäre er stets anwendbar. Dies ist allerdings nicht ohne Zweifel:

- Wer von vorneherein in Gemeinschaft mit mehreren ein Recht hält, wird die Wirkungen des § 746 BGB hinnehmen müssen. Wer allerdings ein eigenes Recht hält und sich ungewollt in einer Ausübungsgemeinschaft wiederfindet, wird bestreiten, dass § 1024 BGB auch auf diese Norm verweist.
- Ob § 746 BGB auf Ausübungsgemeinschaften an einem dinglichen Recht anwendbar ist, ist ungeklärt.[93] Dem kann § 892 BGB entgegenstehen, nach dem das Nutzungsrecht mit dem Inhalt erworben wird, der sich aus dem Grundbuch ergibt.
- Für die Miteigentümer eines Grundstücks gilt allerdings § 1010 BGB. Danach wirkt eine Ausübungsregelung gegen Sondernachfolger nur dann, wenn eine Eintragung in das Grundbuch erfolgt ist. Man kann § 1010 BGB einerseits eng nur auf das Bruchteilseigentum selbst anwenden. Oder man bezieht die Vorschrift auf alle Rechte, die Bestandteil des Eigentums an dem Grundstück sind und in Gemeinschaft mit

---

90 MüKo-BGB/*Mohr*, 8. Aufl. 2020, § 1024, Rn. 3 meint in Fn. 9: „An eine unbillige Regelung ist der Rechtsnachfolger allerdings nicht gebunden.".
91 Dazu schon oben bei Fn. 43.
92 In diese Richtung MüKo-BGB/*K. Schmidt*, 8. Aufl. 2020, § 746, Rn. 1.
93 Vgl. den Streit darum, ob im Rahmen des § 1025 Mehrheitsbeschlüsse möglich sind, zwischen BeckOGK-BGB/*Kazele*, 01.05.2022, § 1025, Rn. 26 und MüKo-BGB/*Mohr*, 8. Aufl. 2020, § 1025, Rn. 2 bei Fn. 13.

anderen Grundstückseigentümern ausgeübt werden müssen.[94] Dann würde über § 96 BGB auch § 1010 Abs. 1 BGB zur Anwendung gelangen. Im eingangs gebildeten Beispiel der Tiefgaragennutzung ginge eine Ausübungsregelung also mangels Eintragung nicht auf den Grundstückserwerber über.
- Zuletzt ist § 746 BGB vorraussetzungsvoll: Eine Vereinbarung setzt begriffsnotwendig die Mitwirkung aller Berechtigten voraus. In welchen Fällen, in welchem Verfahren und mit welcher Mehrheit und zuletzt mit welchem Inhalt eine Beschlussfassung unter den Berechtigten erfolgt ist und erfolgen kann, dürfte im Einzelfall schwer abzugrenzen sein.
- Und jedenfalls in der Ausübungsgemeinschaft, die im Zusammenwirken mehrerer Einzelrechte besteht, muss zur Vorsicht gemahnt werden: Die Gemeinschaft beruht bei genauer Betrachtung nicht auf der gemeinsamen Inhaberschaft des Rechts, sondern auf der Notwendigkeit gemeinsamer Ausübung. Weder das Stammrecht noch die hieraus fließenden Ausübungsbefugnisse sind aber teilbar. Die Gemeinschaft ist quotenlos. Der Gedanke der Gleichberechtigung aller Berechtigter, der § 742 BGB und der Stimmrechtsregelung in § 745 Abs. 1 S. 2 BGB zugrundliegt, trifft auf die Gemeinschaft der Ausübungsberechtigten nur dann zu, wenn diese gemeinschaftlich berechtigt sind oder im Gleichrang stehen. In anderen Fällen muss sie hinter den Gedanken des § 1024 BGB zurücktreten.[95] Die Zuteilung der Ausübungsbefugnisse erfolgt zunächst nach billigem Ermessen und das gleiche Maß gilt nur dort, wo es nicht unbillig ist.

Es ist also keineswegs sicher anzunehmen, dass eine Vereinbarung oder gerichtliche Regelung unter den bisher Berechtigten per se deren Rechtsnachfolger bindet. Wer aber einmal an der Regelung beteiligt war, den trifft die schuldrechtliche Nebenpflicht, sie seinen Rechtsnachfolgern weiterzugeben. Auf diesem Wege hat ein ausscheidender Berechtigter möglicherweise für die Weitergabe über die gesamte Nachfolgerschaft hinweg einzustehen.[96]

---

[94] In diese Richtung BayObLG, Beschl. v. 10.5.1990 – BReg. 2 Z 33/90, NJW-RR 1990, 1043.
[95] Für Mehrheitsbeschlüsse im Rahmen des § 1025 BGB BeckOGK-BGB/*Kazele*, 01.05.2022, § 1025, Rn. 26 gegen MüKo-BGB/*Mohr*, 8. Aufl. 2020, § 1025, Rn. 2 bei Fn. 13.
[96] Vgl. MüKo-BGB/*Schmidt*, 8. Aufl. 2020, § 1010, Rn. 6 unter Hinweis auf BGHZ 40, 326.

c) Eintragungsfähigkeit der Regelung

Wenngleich hiernach ein Bedürfnis für die Eintragung einer Ausübungsregelung besteht, ist diese nicht notwendig auch eintragungsfähig.[97]

Hier sind der sachenrechtliche Typenzwang und die aus ihm notwendige Typenfixierung[98] zu wahren. Innerhalb dieser äußeren Grenzen sind aber gerade die Dienstbarkeiten typenoffen[99] und ist ihr Inhalt gestaltbar. Der Nießbrauch kann durch den Ausschluss einzelner Nutzungen beschränkt werden (§ 1030 Abs. 2 BGB). Hinsichtlich der Befugnis, die Ausübung eines Nutzungsrechtes Dritten zu überlassen, besteht Einigkeit, dass jedenfalls die abstrakte Beschränkung oder Erweiterung der Überlassungsbefugnis eintragungsfähig ist.[100]

Durch Eintragung gestaltbar ist nicht nur das Nutzungsrecht selbst, sondern auch das Begleitschuldverhältnis. Das Begleitschuldverhältnis bestimmt nicht nur das Verhältnis zum Eigentümer, sondern über § 1024 BGB auch das Verhältnis zu konkurrierenden Berechtigten. Ausübungsregelungen nach § 1024 BGB sind eintragungsfähig.[101]

Ausübungsregelungen halten sich auch innerhalb der Grenzen, die für Inhalte des Begleitschuldverhältnisses gezogen sind.[102] Nach §§ 1021, 1022 BGB können auch Regelungen zur Lastenverteilung zum Inhalt des Rechts gemacht werden; damit wird Sukzessionsschutz erzeugt.[103] Es wäre wenig zweckmäßig, die Lastenverteilung zu verdinglichen, nicht aber die Benutzungsbefugnisse. Es ist allerdings noch nicht erörtert, ob §§ 1021, 1022 BGB nur im Verhältnis vom Berechtigten zum Eigentümer zur Anwendung kommen oder auch im Verhältnis unter mehreren Be-

---

97 Dafür LG Kassel, Beschl. v. 26.5.2009 – 3 T 92/09, MittBayNot 2009, 377 (378 f), das eine solche Regelung jedenfalls für zulässig hält und darauf hinweist, dass § 1018 BGB Gestaltungsfreiheit gibt und § 47 GBO nur die Angabe der Grundzüge verlangt.
98 NK-BGB/*Otto*, 5. Aufl. 2022, § 1018, Rn. 2.
99 NK-BGB/*Otto*, 5. Aufl. 2022, § 1018, Rn. 2, 41; Staudinger/*Weber*, 2017, Vor 1018, Rn. 4.
100 MüKo-BGB/*Pohlmann*, 8. Aufl. 2020, § 1059, Rn. 9 mwN; BGH, Urt. v. 21.6.1985 – V ZR 37/84, NJW 1985, 2827.
101 Staudinger/*Weber*, 2017, § 1024, Rn. 13 ebenso wie NK-BGB/*Otto*, 5. Aufl. 2022, § 1024, Rn. 13 mwN. auch zur Gegenauffassung.
102 *Amann*, Leistungspflichten und Leistungsansprüche aus Dienstbarkeiten, Ein Beitrag zur Lehre vom Begleitschuldverhältnis, DNotZ 1989, 531; zu Leistungspflichten eingehend *Keller*, MittBayNot 2022, 1, 8.
103 *Keller*, MittBayNot 2022, 1 (5) unter Verweis auf *Regenfus*, ZNotP 2017, 125, 132.

rechtigten. Dass aber auch – und ggf. gerade – in diesem Verhältnis Regelungsnotwendigkeiten bestehen, ist offenbar.[104]

Im Innenverhältnis der Gesamtberechtigten sind Regelungen mit dinglicher Wirkung möglich; dem steht der numerus clausus der Sachenrechte schon wegen § 1010 BGB nicht entgegen.[105] In der herkömmlichen Lesart verlangt § 47 Abs. 1 GBO im Interesse des belasteten Eigentümers, dass das für die Gemeinschaft maßgebende Rechtsverhältnis bezeichnet wird. Diese Vorschrift mag aber auch im Interesse aller Mitglieder der Gemeinschaft gelesen werden. Denn auch deren Interesse dient es, die für die Gemeinschaft geltenden Regelungen jedenfalls in ihren Grundzügen dem Eintrag entnehmen zu können.[106]

d) Eintragungsfähigkeit als Inhalt von Sondereigentum

Wird das herrschende Grundstück in Wohnungs- oder Teileigentum aufgeteilt, können Regelungen zur Ausübung der Rechte aus einer Grunddienstbarkeit jedenfalls zum Inhalt der Gemeinschaftsordnung gemacht werden.[107] Denn diese Rechte sind gemäß § 96 BGB Bestandteil des gemeinschaftlichen Eigentums am herrschenden Grundstück. Für die Vereinbarung und Eintragung einer solchen Regelung besteht in der Gemeinschaft der Wohnungseigentümer ein praktisches Bedürfnis. Das Verhältnis zu dem Eigentümer des belasteten Grundstücks wird nicht berührt. Diese Argumente sind ohne weiteres von der Gemeinschaft der Wohnungseigentümer auf die Gemeinschaft der Ausübungsberechtigten zu übertragen.

e) Ergebnis

Im Ergebnis spricht nichts dagegen, aber viel dafür, eine Ausübungsregelung für eintragungsfähig zu halten. Allerdings mag ihr über § 1024 BGB oder über § 746 BGB auch ohne eine Eintragung dingliche Wirkung zukommen. Nach beiden Bestimmungen nähme aber nicht nur die jeweilige konkrete Regelung an der dinglichen Wirkung des betroffenen Rechtes teil; in jedem Falle steht eine konkret vereinbarte Ausübungsregelung hier-

---

104 Vgl. Staudinger/*Weber*, 2017, § 1024, Rn. 16, 21 f.
105 Schöner/*Stöber*, GrundbuchR, 2020, Rn. 1125.
106 Ebenso *Oppermann/Scholz*, DNotZ 2017, 4, 10.
107 BayObLG, Beschl. v. 10.5.1990 – BReg. 2 Z 33/90, NJW-RR 1990, 1043.

nach auch unter dem allgemeinen und abstrakten Vorbehalt einer künftigen Anpassung nach billigem Ermessen. Eine Eintragung dürfte demgegenüber nicht nur ihre Wirkung gegenüber einem Rechtsnachfolger als solche absichern, sondern auch ihre künftige Abänderung erschweren.

3. Befugnis zur Vereinbarung und Bewilligung

Wenn nach alledem ein Bedürfnis besteht, Ausübungsregelungen in das Grundbuch einzutragen, stellt sich nunmehr die Frage nach dem Verfahren zur Eintragung. Dazu ergibt sich Folgendes:

a) Vereinbarung unter den Berechtigten

Eine Vereinbarung zur Ausübung unter den Berechtigten bedarf nicht der Mitwirkung des Eigentümers. Sie ist wie dargestellt[108] keine Inhaltsänderung des Rechts gegenüber dem Eigentümer. Als Vereinbarung unter den Berechtigten eines Rechts ist sie – wie erörtert – eine Regelung des Nutzungsrangs und damit in § 878 Abs. 2 S. 1 BGB zu verorten, nicht in §§ 873, 877 BGB. Soweit der Eigentümer durch die Regelung nicht stärker belastet wird, liegt keine Inhaltsänderung vor. Weder materiellrechtlich noch verfahrensrechtlich ist seine Mitwirkung erforderlich.[109] Die Bewilligung der beteiligten Berechtigten als den Betroffenen genügt.

b) Einmann-Regelung

Allerdings mag ein herrschender Eigentümer die Ausübungsregelung unter mehreren Rechten bereits in einem Zeitpunkt vorgeben wollen, in dem er noch Eigentümer aller herrschenden Grundstücke bzw. Inhaber aller beteiligten Rechte ist.[110] Eine Einmann-Regelung könnte in diesen Fällen daran scheitern, dass mangels Gemeinschaft bzw. Ausübungskonflikt noch keine Vereinbarung oder Regelung möglich ist. Es ist dem Eigentümer jedoch unbenommen, den einzelnen Rechten, die sämtlich zu seinen

---

108 Siehe oben bei Fn. 40.
109 Ebenso MüKo BGB/*Mohr*, 8. Aufl. 2020, § 1021, Rn. 3.
110 Zum Folgenden *Oppermann/Scholz*, DNotZ 2017, 4, 10 f. in Auseinandersetzung mit BayObLG, MittBayNot 2002, 288.

Gunsten bestellt sind, untereinander verschiedenen Rang beizulegen. Also muss ihm auch eine Ausübungsregelung mit dinglicher Wirkung möglich sein. Der Umstand, dass sich alle Miteigentumsanteile in einer, nämlich seiner, Hand befinden, hindert den herrschenden Eigentümer auch bei einer Aufteilung nach § 8 WEG nicht, bereits eine Ausübungsregelung zu treffen.[111] Rechtlich unterbreitet der teilende Eigentümer damit ein Angebot auf Regelung, dass mit dem Erwerb des Nutzungsrechts durch einen Fremden angenommen wird. Im Ergebnis sind es dieselben Erwägungen, die die Eigentümerdienstbarkeit tragen, die dazu führen, auch die Einmann-Regelung für zulässig und eintragungsfähig zu halten.

c) Regelung durch den bestellenden Eigentümer

Jede Ausübungsregelung muss sich in dem Rahmen halten, den der Eigentümer des belasteten Grundstücks mit der Bestellung des Rechts setzt. Wenn derselbe Eigentümer Grunddienstbarkeiten zugunsten verschiedener Grundstücke bestellt, die alle (noch) in seinem Eigentum stehen, kann er jedenfalls, nach mancher Auffassung muss er sogar, das Berechtigungsverhältnis bestimmen.[112] Folgerichtig muss es ihm auch möglich sein, Regelungen für das Berechtigungsverhältnis zu setzen. Der belastete Eigentümer bestimmt, bestellt und bewilligt die Reichweite der Ausübungsbefugnis und die Befugnis, das Recht Dritten zu überlassen. Es ist ihm unbenommen, den Rechten, die er bestellt, von Anfang an verschiedenen Rang beizulegen. Also kann er auch im Zuge der Bestellung Ausübungsregelungen für die (künftige) Gemeinschaft der Berechtigten setzen. Weder Unterschiede im Rang noch vorgegebene Ausübungsregelungen werden nachträglich dadurch aufgehoben, dass sich das Eigentum an mehreren herrschenden Grundstücken in einer Hand vereinigt; dem steht § 889 BGB entgegen.

---

111 BayObLG, Beschl. v. 10.5.1990 – BReg. 2 Z 33/90, NJW-RR 1990, 1043, 1044.
112 KG, FGPrax 2018, 270 (= NotBZ 2018, 270 Tz. 14) gegen BayObLG, MittBayNot 2002, 288; zustimmend Schöner/*Stöber*, GrundbuchR, 2020, Rn. 1125 mit Fn. 1059.

4. Hilfsweise: Quasi-Verdinglichung

Die Diskussion über die Verdinglichung von Regelungen zur gemeinschaftlichen Nutzung ist sicher noch nicht abgeschlossen. Vorsorglich mag daher darauf hingewiesen werden, dass die Befugnis zur Ausübung einer Dienstbarkeit von Bedingungen abhängig gemacht werden kann. Als eine solche Bedingung wird beispielsweise die Entrichtung eines Nutzungsentgeltes angesehen.[113] Es ist hiernach ebenso möglich, die Beachtung von Regelungen zur Ausübung, auch im Verhältnis zu Dritten, zur Ausübungsbedingung zu erheben.[114] Damit wird eine Quasi-Verdinglichung erreicht.

V. Thesen

In knappen Thesen kommt die Untersuchung zu folgenden Erkenntnissen:

a) Mehrere Nutzungsberechtigte können sowohl als Inhaber eines Rechtes als auch als Inhaber verschiedener Rechte untereinander in Konkurrenz treten.
b) § 1024 BGB erlaubt es, Nutzungskonflikte unter gleichrangig Berechtigten durch eine Regelung nach billigem Ermessen zu lösen. Dies entspricht § 745 Abs. 2 BGB.
c) Wenn das Nutzungsrecht kein ausschließliches ist, kommen die § 745 Abs. 2 BGB bzw. § 1024 BGB sowohl im Verhältnis zum Eigentümer wie zu gleichrangig und gleichartig Berechtigten als auch unter rangverschiedenen Rechten zur Anwendung.
d) Unter mehreren Inhabern eines Rechts identifiziert die Angabe nach § 47 Abs. 1 GBO das Gemeinschaftsverhältnis der Berechtigten im Außenverhältnis gegenüber dem Eigentümer.
e) Das Innenverhältnis mehrerer Berechtigter eines Rechts unterliegt den §§ 741 ff. BGB. Es gelten also insbesondere § 745 und § 748 BGB. Die Geltung weiterer Bestimmungen ist offen.

---

113 BGH, Urt. v. 19.3.2021 – V ZR 44/19; *Everts*, Entgeltliche Dienstbarkeiten, MittBayNot 2022, 111; vertiefend *Kleine Holthaus/Keiser*, Probleme der Sicherung von Gegenleistungspflichten bei Grunddienstbarkeiten, ZfIR 2009, 396; allgemein auch *Regenfus*, ZNotP 2017, 126, 130.
114 So auch der Vorschlag von KölnerFBWEG/*Weber*, 1. Aufl. 2020, Kap. 2 Rn. 90.

f) Regelungen der Ausübung sind jedenfalls durch Vereinbarung möglich. Dies gilt sowohl unter mehreren Inhabern eines Rechts als auch unter Inhabern einzelner Rechte.
g) Die Verdinglichung solcher Ausübungsregelungen ist zweckmäßig. Sie ist – als eine Regelung des Nutzungsrangs – eintragungsfähig.
h) Es genügt die Bewilligung durch die Inhaber der/des betroffenen Rechte(s). Einer Mitwirkung des Eigentümers bedarf es nicht.
i) Der Eigentümer kann jedoch in der Bewilligung des Rechts bereits eine Ausübungsregelung vorgeben.

In allgemeiner Fassung ergibt sich hieraus folgender

**Entwurf einer
Vereinbarung zur gemeinschaftlichen Ausübung
von Nutzungsrechten**

1. Befugnis zur weiteren Nutzungsüberlassung
Dem Eigentümer bleibt die Mitnutzung vorbehalten; er kann Dritten weitere Nutzungsrechte bestellen und die Ausübung Dritten überlassen. Der Berechtigte kann die Ausübung des Nutzungsrechts Dritten überlassen.
Dies gilt jeweils mit der Maßgabe, dass hierdurch die Ausübung des (Mit-)Nutzungsrechts für die andere Seite nicht beschwerlicher wird.

2. Lasten und Kosten
Die mit der Ausübung des jeweiligen Nutzungsrechts verbundenen Lasten und Kosten sind unter mehreren Berechtigten und gegebenenfalls dem Eigentümer in dem Verhältnis umzulegen, in dem sie zur Mitnutzung befugt sind. Dies gilt für die Kosten der Erhaltung, der Unterhaltung und der Nutzung der Anlage und alle hierfür anfallenden Lasten.

3. Befugnis zur Ausübungsregelung
Der Eigentümer und die Berechtigten können über die Ausübung weitere Regelungen durch Vereinbarung treffen; dies schließt die Verteilung der damit verbundenen Pflichten, insbesondere zur Tragung der Kosten und Lasten, ein.
Solche Vereinbarungen über die Ausübung sind auch im Verhältnis nur einzelner Berechtigter zueinander möglich.

4. Geltung des § 1024 BGB
Soweit über die Ausübung des Rechts eine Vereinbarung nicht getroffen ist, kann sowohl der Eigentümer als auch jeder eingetragene Berechtigte ei-

nes Nutzungsrechts von allen oder einzelnen übrigen Berechtigten verlangen, dass eine dem Interesse aller Berechtigter nach billigem Ermessen entsprechende Regelung getroffen wird. § 1024 BGB gilt entsprechend, und zwar ungeachtet des Rangs der Nutzungsrechte und auch im Verhältnis zum Eigentümer und auch für die Verteilung der Kosten und Lasten.

Ggf. Regelung durch Beschluss
Einer Vereinbarung steht ein Beschluss gleich, der im Rahmen ordnungsgemäßer Verwaltung getroffen wird und billigem Ermessen nicht widerspricht. Dabei vermitteln das Eigentum an dem belasteten Grundstück und jedes hieran eingetragene Recht jeweils eine Stimme *oder* jeweils so viel Stimmen, wie es der Zahl der Stellplätze *oder* dem Verhältnis der Fläche der nutzungsberechtigten Grundstücke entspricht.

5. Regelungsbefugnis
Die Befugnis, eine solche Ausübungsregelung zu verlangen, hieran mitzuwirken oder ein Stimmrecht bei einer etwaigen Beschlussfassung hierüber steht nur solchen Personen zu, die als Eigentümer oder Inhaber eines Nutzungsrechts eingetragen sind. Dritten kann sie nicht übertragen werden; sie können nur zu ihrer Wahrnehmung ermächtigt oder bevollmächtigt werden.

6. Wirkung gegenüber Sonderrechtsnachfolgern
a) Personen, denen die Ausübung eines Nutzungsrechts überlassen wurde, haben die hiernach geltenden Regelungen zu beachten, auch wenn sie erst nach der Überlassung getroffen werden sollten.
b) Rechtsnachfolger eines Eigentümers oder Nutzungsberechtigten haben die hiernach geltenden Regelungen zu beachten. Sie sind ihnen unter Weitergabeverpflichtung aufzuerlegen.
c) Die Befugnis zur Ausübung eines (Mit-)Nutzungsrechts ruht, soweit sie den Regelungen widerspricht, die aufgrund der vorstehenden Bestimmungen getroffen wurden. Sie ruht ebenfalls, solange der Berechtigte mit Zahlungen auf die hiernach von ihm zu tragenden Kosten oder Lasten in Verzug ist.

Die Schaffung sonderrechtsfähiger Bestandteile eines Grundstücks durch Dienstbarkeiten

Patrick Meier

I. Einleitung

Die Bedeutung der Rechte in Abteilung II, insbesondere der Dienstbarkeiten, für die Kautelarpraxis ergibt sich nicht nur daraus, bestimmte Rechte und Pflichten mit dinglicher Wirkung gegen den jeweiligen Grundstückseigentümer festzuschreiben, sondern sie ermöglichen es auch, eine rechtliche Gestaltung im Hinblick auf die Eigentümerstellung an bestimmten Gegenständen vorzunehmen. Dabei resultiert diese Wirkung der Dienstbarkeiten nicht aus Vorschriften des 3. Buchs und damit unmittelbar aus dem so genannten Sachenrecht, sondern aus § 95 Abs. 1 S. 2 BGB und folglich aus einer Vorgabe des Allgemeinen Teils. Die Norm ermöglicht es, dass Sachen, die an sich nach § 94 BGB als wesentlicher Bestandteil eines Grundstücks anzusehen wären, juristisch als Scheinbestandteile behandelt werden und in der Folge Objekt eigener dinglicher Zuordnungen sein können. Die praktische Bedeutung dieser Konsequenz kann so wesentlich sein, dass dies die entscheidende Motivation dafür bildet, eine entsprechende Dienstbarkeit im Grundbuch vermerken zu lassen.

II. Praktische und wirtschaftliche Bedeutung

Das praktische Einsatzgebiet für die Erhaltung von Scheinbestandteilen nach § 95 Abs. 1 S. 2 BGB ist nahezu unbegrenzt. So spielt vor allem bei Bauträgerobjekten der Wunsch nach einer rechtlichen Selbstständigkeit bestimmter Anlagen im Rahmen von so genannten Contracting-Verträgen eine Rolle.[1] Diese beziehen sich darauf, dass Energie, insbesondere Wärme nicht durch eine im Eigentum des Grundstückseigentümers befindliche

---

1 Siehe dazu *Kruse*, RNotZ 2011, 65 ff.; *Reymann*, DNotZ 2015, 883 ff.

Anlage erzeugt, sondern zentral von einem Anbieter geliefert wird.[2] Ein derartiges Vorgehen senkt die Errichtungs-, erhöht allerdings die laufenden Betriebskosten. Da jedoch eine Heizungsanlage stets für die Wohnanlage erforderlich ist, wird jene durch den sogenannten Contractor gestellt und in das Objekt eingebaut.[3] Mittels entsprechender Dienstbarkeiten zum Betrieb der Anlage wird im Rahmen des § 95 Abs. 1 S. 2 BGB dafür Sorge getragen, dass die Anlage nicht wesentlicher Bestandteil des Gebäudes und damit nach § 94 Abs. 2 BGB auch des Grundstücks wird. Daneben wird regelmäßig eine Reallast bestellt, um die Bezugsverpflichtung für die Gemeinschaft der Wohnungseigentümer[4] oder für die einzelnen Wohnungseigentümer abzusichern. Überdies spielt die Möglichkeit zur Schaffung von Scheinbestandteilen im Rahmen der Herstellung erneuerbarer Energien eine nicht zu unterschätzende Rolle, weil so die auf dem Grundstück oder dem Gebäude platzierten Photovoltaik- oder Windkraftanlagen weiterhin im Eigentum des Erzeugers stehen können.[5] Deutlich seltener, aber in der Praxis ebenfalls anzutreffen, sind Gestaltungen, bei denen einem anderen, in aller Regel einem Nachbarn oder Angehörigen, durch eine Dienstbarkeit die Möglichkeit gegeben wird, ein Gebäude oder ein sonstiges Bauwerk ganz oder teilweise auf dem Grundstück eines anderen zu errichten.[6] In diesem Fall führt § 95 Abs. 1 S. 2 BGB dazu, dass das Bauwerk nicht wesentlicher Bestandteil des Grundstücks wird und damit auch nicht in das Eigentum des Grundstückseigentümers fällt.[7] Soweit es sich um einen Überbau im Sinne der §§ 912 ff. BGB handelt, entnimmt der BGH diesen Regelungen zugleich eine dingliche Zuordnung, so dass der Eigentümer des Stammgrundstücks zugleich Eigentümer des überbauten Gebäudeteils ist.[8] Durch die Einräumung einer Dienstbarkeit mit hieraus folgender Schaffung von Scheinbestandteilen nach § 95 Abs. 1 S. 2 BGB können auch Bebauungssituationen geregelt werden, die den §§ 912 ff. BGB nicht unterfallen, weil es sich entweder um keinen Grenzüberbau

---

2 Dazu auch DIN 8930, 3.1: „zeitlich und räumlich abgegrenzte Übertragung von Aufgaben der Energiebereitstellung und Energielieferung auf einen Dritten, der im eigenen Namen und auf eigene Rechnung handelt".
3 BeckOGK-BGB/*Monreal*, 01.12.2021, § 5 WEG, Rn. 95; *Reymann*, DNotZ 2015, 883, 885 f.; siehe auch zu unterschiedlichen Ausgestaltungen BeckOK-BGB/*Schlosser*, 01.02.2022, § 556c Rn. 5 ff.
4 Hierzu: BeckOGK-BGB/*Falkner*, 01.03.2022, § 10 WEG, Rn. 180.1.
5 Dazu *Meier*, MittBayNot 2019, 548, 549 ff.
6 Siehe zu dieser Konstellation DNotI-Report 2021, 185 ff.
7 DNotI-Report 2021, 185, 185 f..
8 Grdl. BGHZ 57, 245, 248.

oder um kein Gebäude[9] handelt, wie dies z.B. bei einem Stromkasten oder einem Carport der Fall ist.[10] Dasselbe gilt für Parkplätze oder Leitungen. Ebenso ist es zulässig, eine Dienstbarkeit dazu einzusetzen, die vollständige Errichtung eines Gebäudes auf fremdem Grund zu gestatten.[11]

In wirtschaftlicher Hinsicht können unterschiedliche Motive für die Wahl dieser Vorgehensweise sprechen. Eine zentrale Überlegung besteht meist darin, auf diese Weise eine klare Abgrenzung nach Verantwortungsbereichen und Nutzungsbefugnissen zu leisten. Durch die selbständige eigentumsrechtliche Zuordnung ist eine Beeinflussung durch die eine oder andere Seite ausgeschlossen, so dass jeder über sein Eigentum nach seinem Willen verfügen kann. Dies ermöglicht ebenfalls eine wechselseitige Insolvenzabsicherung, da der Eigentümer des Scheinbestandteils nicht zu fürchten braucht, dass der Gegenstand bei einer Insolvenz oder der Zwangsversteigerung gegen den Eigentümer des Grundstücks mitbetroffen sein wird. Ihm steht vielmehr für den Fall der Beschlagnahme die Drittwiderspruchsklage nach § 771 ZPO zu, weil das fremde Sacheigentum unzweifelhaft ein die Veräußerung hinderndes Recht darstellt.[12] Für den Eigentümer des Scheinbestandteils ergibt sich zudem der Vorteil, dass er diesen zur eigenen Finanzierung einsetzen kann, indem er ihn mit Rechten Dritter, insbesondere einem Pfandrecht, belastet oder zur Sicherung an eigene Gläubiger übereignet. Der Wert des Scheinbestandteils verbleibt ihm somit für eine etwaige Kreditierung und Finanzierung des Vorhabens.

III. Voraussetzungen des § 95 Abs. 1 S. 2 BGB

1. Grundsätzliche Einordnung als wesentlicher Bestandteil

Von Relevanz ist die Regelung des § 95 Abs. 1 S. 2 BGB nur dann, wenn es sich bei der zu errichtenden oder einzubauenden Sache auf dem Grundstück um einen wesentlichen Bestandteil nach § 94 BGB handeln würde. Andernfalls bedarf es der Anwendung der Sonderregelung des § 95 Abs. 1 S. 2 BGB nicht, weil dann schon nach § 94 BGB keine einheitliche rechtliche Zuordnung erfolgt und daher der Gegenstand in jedem Fall sonder-

---

9 Zum Begriff: MüKo-BGB/*Brückner*, 8. Aufl. 2020, § 912, Rn. 5; BeckOGK-BGB/*Vollkommer*, 01.04.2022, § 912, Rn. 8.
10 OLG Karlsruhe, NJW-RR 1993, 665.
11 DNotI-Report 2021, 185 f.
12 Musielak/Voit/*Lackmann*, ZPO, 19. Aufl. 2022, § 771, Rn. 15; MüKo-ZPO/ *Schmidt/Brinkmann*, 6. Aufl. 2020, § 771, Rn. 18.

rechtsfähig bleibt. Eine etwaig eingetragene Dienstbarkeit vermittelt in diesem Fall ausschließlich das Recht, den Gegenstand auf dem Grundstück zu belassen. Um § 95 Abs. 1 BGB anwenden zu können, ist es daher nötig, dass der Gegenstand im Sinne des § 94 Abs. 1 BGB mit dem Grund und Boden fest verbunden ist, was auch dann der Fall ist, wenn eine untrennbare Verbindung mit einem Gebäude eingegangen wird, das seinerseits fest mit dem Grundstück verbunden ist.[13] Dabei kommt es entscheidend darauf an, dass eine Trennung der beiden Sachen nicht möglich ist, ohne dass mindestens eine der beiden Sachen dabei zerstört oder wesentlich verändert wird (§ 93 BGB). Dies ist stets erfüllt für Gebäude oder Teile von Gebäuden, soweit diese auf dem Grundstück errichtet und mit diesem verbunden sind. Ebenso gilt dies für andere Sachen, die beispielsweise in das Grundstück betoniert werden[14] oder so mit diesem oder einem aufstehenden Gebäude verbunden sind, dass eine Trennung im Grundsatz nicht mehr vorgenommen werden kann. Daneben bestimmt § 94 Abs. 2 BGB, dass auch solche Sachen zu den wesentlichen Bestandteilen zählen, die zur Herstellung eines Gebäudes eingefügt wurden. Dabei kommt es nicht entscheidend auf die faktische Untrennbarkeit vom Gebäude an,[15] weil in diesem Fall bereits § 94 Abs. 1 BGB erfüllt ist, sondern maßgeblich ist, ob bei Betrachtung der Verkehrsanschauung das Gebäude nicht ohne die jeweilige Sache als fertiggestellt gelten kann.[16] Der von § 94 Abs. 2 BGB vorausgesetzte Begriff erweist sich mithin als wandelbar, so dass je nach dem, was als üblich anzusehen ist, auch festgelegt werden muss, welche Bestandteile für ein Gebäude als derart maßgeblich anzusehen sind, dass dieses ohne sie nicht fertiggestellt ist.[17] Prägend hierfür ist zusätzlich die konkrete Gestaltung des Gebäudes, so dass es stets ebenso auf seine Art und die mit ihm beabsichtigte Nutzung ankommt.[18] Daher gehören insbesondere Heizungs- sowie Warmwassersysteme zu den von § 94 Abs. 2 BGB erfassten Gegenständen.[19] Dasselbe gilt für Photovoltaikanlagen, die nicht zur Erzielung von Einnahmen durch die Einspeisung in das öffentliche Netz, son-

---

13 BGH WM 1990, 603, 604.
14 BeckOGK-BGB/*Mössner*, 01.03.2021, § 94, Rn. 11.
15 BeckOK-BGB/*Fritzsche*, 01.02.2022, § 94, Rn. 19; BeckOGK-BGB/*Mössner*, 01.03.2021, § 94, Rn. 23.
16 BGH, NJW 1984, 2277, 2278; NJW-RR 1990, 586 f.; NJW 1992, 1162, 1163.
17 Es kommt mithin auf die Verkehrsauffassung an: BeckOK-BGB/*Fritzsche*, 01.02.2022, § 94, Rn. 16; MüKo-BGB/*Stresemann*, 9. Aufl. 2021, § 94, Rn. 25.
18 BGHZ 36, 46, 50; BGH, NJW 1978, 1311.
19 BGH, NJW 1979, 712.

dern zur Stromversorgung des Gebäudes dienen,[20] oder die nicht auf dem bestehenden Dach angebracht werden, sondern dachersetzend sind, weil ohne eine vollständige Dachfläche das Gebäude nicht vollendet ist.[21] Daher wären insbesondere im Bereich des Contractings die notwendigen Heizungs- und Warmwasseranlagen unabhängig von der Regelung des § 94 Abs. 1 BGB nach dessen Abs. 2 stets wesentliche Bestandteile des Gebäudes und damit des Grundstücks, so dass sie immer im Eigentum des Grundstückseigentümers stünden. Dasselbe gilt für weitere Leitungsanlagen innerhalb des Gebäudes, die vom Hauptanschluss abgehen und daher der konkreten Versorgung des Hauses dienen. Selbst wenn diese im Einzelfall nicht derart mit dem Gebäude verbunden sind, dass sie nicht ohne Gefahr der Zerstörung entfernt werden können und deshalb § 94 Abs. 1 BGB unterfallen, werden sie von § 94 Abs. 2 BGB umschlossen, weil ohne eine ausreichende Versorgung des Gebäudes dieses noch nicht fertiggestellt ist. Bei den Gewinnungsanlagen für erneuerbare Energien kommt es dagegen für die Frage, ob sie unter § 94 BGB fallen, auf die konkrete technische und praktische Ausgestaltung an. Insbesondere Windkraftanlagen dürften aber regelmäßig in einer Weise mit dem Grundstück verbunden sein, dass sie die Voraussetzung des § 94 Abs. 1 BGB erfüllen.[22]

2. *Voraussetzungen des § 95 Abs. 1 S. 2 BGB*

a) *Gebäude oder anderes Werk*

Voraussetzung für die Anwendung von § 95 Abs. 1 S. 1 BGB ist ausweislich seines Wortlauts zunächst, dass es sich bei dem mit dem Grundstück verbundenen Gegenstand um ein Gebäude oder ein anderes Werk handelt. Dies bedeutet allerdings in der Sache keine Einschränkung. Die herrschende Meinung geht davon aus, dass „Gebäude" ein Bauwerk jeder Art bezeichnet,[23] wobei ein Bauwerk eine unbewegliche, durch Verwendung von

---

20 *Flache*, notar 2017, 83, 86; *Meier*, MittBayNot 2019, 548, 549; *Reymann*, DNotZ 2010, 84, 96 f.; Staudinger/*Stieper*, 2017 § 94, Rn. 31a.
21 *Flache*, notar 2017, 83, 85; *Meier*, MittBayNot 2019, 548, 549; *Reymann*, DNotZ 2010, 84, 96 f.; Staudinger/*Stieper*, 2017, § 94, Rn. 31a; MüKo-BGB/*Stresemann*, 9. Aufl. 2021, § 94, Rn. 32.
22 OLG Koblenz, BeckRS 2006, 12834; Grüneberg/*Ellenberger*, 81. Aufl. 2022, § 94, Rn. 3; NK-BGB/*Ring*, 4. Aufl. 2021, § 94 Rn. 18; Staudinger/*Stieper*, 2017, § 94, Rn. 12.
23 BGH, NJW 2011, 380, 381; NJW 2015, 2489, 2492.

Arbeit und Material in Verbindung mit dem Erdboden hergestellte Sache sein soll.[24] Damit weicht die Definition zwar deutlich von dem spürbar engeren Verständnis im Rahmen der §§ 912 ff. BGB ab,[25] dies bleibt letztlich aber belanglos. Auch wenn man den Gebäudebegriff, wofür zumindest das Ziel der Einheit der Rechtsordnung und eines gleichbleibenden Verständnisses der Begriffe innerhalb des BGB spräche, ebenso zu begreifen hätte wie im Rahmen des § 912 BGB, würde durch die Bezugnahme auf „ein anderes Werk" in § 95 Abs. 1 S. 2 BGB gleichwohl jede denkbare Einrichtung auf dem anderen Grundstück von der Vorschrift eingeschlossen. Dies bezeichnet nämlich einem bestimmten Zweck dienende, nach gewissen Regeln der Kunst oder Erfahrung unter Verbindung mit dem Erdkörper – von Menschen – hergestellte Gegenstände,[26] so dass hierunter jede beliebige Installation zu subsumieren ist.

b) Recht an einem Grundstück

Hinzukommen muss, dass das Werk in Ausübung eines Rechts an einem Grundstück mit diesem verbunden wird. Da es sich um ein Recht *an* einem Grundstück handeln muss, kommen rein schuldrechtliche Berechtigungen nicht in Betracht,[27] vielmehr ist ein dingliches Recht erforderlich.[28] Dabei geht die herrschende Meinung allerdings davon aus, dass eine erforderliche Grundbucheintragung noch nicht erfolgt sein muss, sondern es genügt, wenn das Recht bereits wirksam zwischen den Beteiligten vereinbart ist und der entsprechende Antrag auf Eintragung gestellt wurde, da dann bereits ein Anwartschaftsrecht entstanden sei, das für die Anwendung des § 95 Abs. 1 S. 2 BGB als ausreichend angesehen wird.[29] Neben öffentlich-rechtlichen Befugnissen, die zur Duldung bestimmter Anlagen eines Dritten verpflichten,[30] hat in der Praxis vor allem die Dienstbarkeit

---

24 BGH, NJW 1971, 2219; NJW 1983, 567, 568.
25 Dazu BGH, DB 1972, 2298.
26 RGZ 60, 138, 139; 76, 260 261.
27 *Brox/Walker*, Allgemeiner Teil des BGB, 45. Aufl. 2021, § 36, Rn. 28; Soergel/*Marly*, BGB, 13. Aufl. 2003, § 95, Rn. 19; *Peters*, WM 2002, 110, 113.
28 BeckOK-BGB/*Fritzsche*, 01.02.2022, § 94, Rn. 12; MüKo-BGB/*Stresemann*, 9. Aufl. 2021, § 95, Rn. 23.
29 *Derleder/Sommer*, ZfIR 2008, 325,328 f.; *Hagen*, CuR 2010, 44, 45; *Peters*, WM 2002, 110, 114 f.; *Schulze*, Rpfleger 1999, 167, 168; *Stieper*, CuR 2013, 4 9; *ders.*, WM 2007, 861, 866; *Voß/Steinheber*, ZfIR 2012, 337, 342; noch weitergehend: MüKo-BGB/*Stresemann*, 9. Aufl. 2021, § 95, Rn. 33.
30 BGH, NJW 1962, 1817, 1818 f.; NJW 1994, 999.

eine hohe Bedeutung für § 95 Abs. 1 S. 2 BGB, wobei es nicht darauf ankommt, ob es sich um eine Grunddienstbarkeit gemäß §§ 1018 ff. BGB oder eine beschränkte persönliche Dienstbarkeit nach §§ 1090 ff. BGB handelt. Ebenfalls geeignet, einen Scheinbestandteil nach § 95 Abs. 1 S. 2 BGB zu erzeugen, sind der eingetragene Nießbrauch[31] sowie eine etwaige gestattende Reallast.[32] Dabei ist allerdings erforderlich, dass das dingliche Recht sowohl den Einbau als auch die Unterhaltung des Werks auf dem fremden Grundstück zulässt. Nicht notwendig ist demgegenüber, dass das Recht konkret hierauf gerichtet ist, so dass insbesondere beim Nießbrauch auch eine umfassende Nutzungsbefugnis genügt, um die rechtliche Trennung von Grundstück und mit diesem verbundenen Werk zu bewirken.[33] Keine Voraussetzung ist des Weiteren, dass der Berechtigte seinerseits das Gebäude oder das Werk errichtet. Er kann dies auch durch Beauftragte oder sonstige Personen vornehmen lassen,[34] ebenso wie es ihm möglich ist, soweit dies grundsätzlich zulässig ist, die Ausübung des zu seinen Gunsten bestehenden Rechts an einen anderen zu überlassen, so dass § 95 Abs. 1 S. 2 BGB ebenso dann erfüllt ist, wenn in diesem Fall der Dritte im eigenen Interesse das Werk errichtet.

Bedeutungslos ist ebenfalls, ob die Sache oder das Werk nur zu vorübergehenden Zwecken auf das andere Grundstück verbracht wird. Eine lediglich vorübergehende Zielsetzung fordert ausschließlich § 95 Abs. 1 S. 1 BGB, so dass die Eigenschaft als Scheinbestandteil nach § 95 Abs. 1 S. 2 BGB auch bei Werken bestehen kann, die auf Dauer angelegt sind.

Weil es generell möglich ist, dass der Eigentümer eine Dienstbarkeit für sich selbst bestellt, kann auch dann die Sonderrechtsfähigkeit begründet werden, wenn Grundstück und Scheinbestandteil (zunächst) in einer Hand verbleiben sollen.[35] Insoweit ist § 95 Abs. 1 S. 2 BGB analog anzuwenden, da davon auszugehen ist, dass der Gesetzgeber die Möglichkeit einer Eigentümerdienstbarkeit nicht vor Augen hatte und daher die Norm in dieser Weise gefasst hat. An die Bestellung einer Eigentümerdienstbarkeit oder eines sonstigen Eigentümerrechts sind keine besonderen Anforderungen zu stellen, insbesondere muss der Eigentümer kein legitimes In-

---

31 *Giesen*, AcP 202, 2002, 689, 697; NK-BGB/*Ring*, 4. Aufl. 2021, § 95, Rn. 34.
32 *Böttcher*, notar 2012, 383, 385; *Giesen*, AcP 202 2002, 689, 697.
33 BeckOGK-BGB/*Mössner*, 01.03.2021, § 95, Rn. 30.
34 BeckOK-BGB/*Fritzsche*, 01.02.2022, § 94, Rn. 15; BeckOGK-BGB/*Mössner*, 01.03.2021, § 95, Rn. 38; MüKo-BGB/*Stresemann*, 9. Aufl. 2021, § 95, Rn. 35.
35 *Krafczyk*, CuR 2017, 51, 56; *Meier*, MittBayNot 2020, 1, 2; *Reymann*, ZIP 2013, 605, 607; MüKo-BGB/*Stresemann*, 9. Aufl. 2021, § 95, Rn. 23; a. A. aber BeckOGK-BGB/*Mössner*, 01.03.2021, § 95, Rn. 39.

teresse hierfür nachweisen.[36] Vielmehr ist die Befugnis zur Schaffung eines solchen Eigentümerrechts Ausfluss der Eigentumsfreiheit aus § 903 BGB und Art. 14 Abs. 1 GG. Der Eigentümer muss mithin niemandem Rechenschaft darüber ablegen, aus welchem Grund er beabsichtigt, für sich ein beschränktes dingliches Recht herzustellen und damit einen Scheinbestandteil zu begründen. Wirtschaftlich kann dies vor allem dann sinnvoll sein, wenn der Eigentümer plant oder sich zumindest vorbehalten will, zu einem späteren Zeitpunkt die Immobilie zu veräußern, allerdings die damit verbundene Einrichtung selbst zu behalten.[37] Dies kann vor allem bei Anlagen zur Erzeugung erneuerbarer Energien bedeutsam sein, weil bei diesen nicht selten eine erhebliche fortlaufende Einnahmemöglichkeit besteht, die der Eigentümer auch dann nicht verlieren will, wenn er die Immobilie nicht mehr selbst hält. Dabei kommt es nicht darauf an, ob der Übergang der Immobilie im Wege der vorweggenommenen Erbfolge auf Familienmitglieder oder durch Verkauf an Dritte erfolgen soll.

IV. Rechtsfolgen

Rechtsfolge des § 95 Abs. 1 S. 2 BGB ist infolge des Verweises auf § 95 Abs. 1 S. 1 BGB, dass die aufgrund des dinglichen Rechts verbaute Sache oder das hergestellte Werk nicht als Bestandteil des Grundstücks zählt und daher sonderrechtsfähig bleibt. An ihr können in der Konsequenz eigenständige Rechte begründet werden, insbesondere kann eine andere Person als der Grundstückseigentümer Eigentümer des Werks oder der Sache sein. Ebenso ist es möglich und zulässig, an ihr weitergehende Rechte zu bestellen und diese Dritten einzuräumen.

1. Bewegliche Sache

Da die Sache kein Bestandteil des Grundstücks wird, bleibt sie mithin an sich eine bewegliche Sache.[38] Handelt es sich jedoch um einen Überbau nach § 912 BGB, ist der überbaute Gebäudeteil jedoch wesentlicher Be-

---

36 BGH, NJW 2011, 3517.
37 Dazu *Meier*, MittBayNot 2019, 548 ff.; *ders.*, MittBayNot 2020, 1 ff.
38 BGH, BeckRS 1957, 103059; NJW 1962, 1817 f.; DNotZ 1987, 212; MittBayNot 2007, 40.

standteil des Stammgrundstücks[39] und daher insoweit nicht frei verfügbar, sondern unterliegt den Vorschriften über die Begründung von Rechten an Immobilien im Hinblick auf die Verbindung mit dem Stammgrundstück. Wird aber ein Gebäude vollständig aufgrund eines dinglichen Rechts im Sinne des § 95 Abs. 1 S. 2 BGB auf fremdem Grund errichtet, so stellt dieses eine bewegliche Sache dar, so dass auch über das Gebäude nach den §§ 929 ff. BGB verfügt werden kann.[40] Infolgedessen ist der Eigentümer frei darin, nach Errichtung des Gebäudes oder des Werks dieses auf einen beliebigen anderen zu übertragen, auch wenn dieser nicht Berechtigter des Rechts am fremden Grundstück ist.[41] Dasselbe gilt für Einrichtungen, die nicht unter § 912 BGB fallen, weil sie keine Gebäude im Sinne dieser Vorschrift sind. Auch sie existieren ungeachtet ihrer möglicherweise festen Verbindung zum Grundstück rechtlich als bewegliche Sachen und unterliegen den Vorschriften über diese.[42] Daran ändert eine bestellte Grunddienstbarkeit zu Gunsten des jeweiligen Eigentümers des herrschenden Grundstücks nichts, weil das hiernach errichtete Werk nicht unter § 96 BGB zu fassen ist.[43] Die Norm setzt voraus, dass es sich um ein Recht handelt, das dauerhaft mit einem Grundstück verbunden ist, also in der Weise ausgestaltet wird, dass es dem jeweiligen Eigentümer des so berechtigten Grundstücks zusteht.[44] Dies ist allerdings im Hinblick auf das Eigentum nicht möglich, weil dieses nicht subjektiv-dinglich ausgestaltet werden kann.[45] Es ist infolgedessen, abgesehen von der Regelung des § 912 BGB, nicht denkbar, das in Ausübung einer Dienstbarkeit oder eines sonstigen dinglichen Rechts errichtete Gebäude oder Werk stets dem jeweiligen Eigentümer eines anderen Grundstücks zuzuordnen.[46] Ist § 912 BGB nicht anzuwenden, ist die Sache immer im rechtlichen Sinne beweglich und daher nach den §§ 929 ff. BGB frei und damit unabhängig von der Stellung als Berechtigter des dinglichen Rechts verfügbar.

---

39 BGHZ 57, 245, 248.
40 DNotI-Report 2021, 185, 186.
41 Siehe dazu *Meier*, MittBayNot 2020, 1, 5 f.
42 BGH, BeckRS 1957, 103059; NJW 1962, 1817 f.; DNotZ 1987, 212; MittBayNot 2007, 40.
43 DNotI-Report 2021, 185, 186 f.
44 BeckOK-BGB/*Fritzsche*, 01.02.2022, § 96, Rn. 2; Staudinger/*Stieper*, BGB, 2017, § 96, Rn. 2; MüKo-BGB/*Stresemann*, 9. Aufl. 2021, § 96, Rn. 2.
45 BeckOGK-BGB/*Mössner*, 01.03.2021, § 96, Rn. 6.2.
46 DNotI-Report 2021, 185, 186 f.

2. Kein Bestandteil

Aufgrund der Anordnung in § 95 Abs. 1 S. 1 BGB geht die herrschende Meinung davon aus, dass derartige Sachen nicht nur keine wesentlichen Bestandteile sind, sondern noch nicht einmal als unwesentliche Bestandteile angesehen werden können.[47] Die Auswirkungen durch diese Auffassung erweisen sich allerdings als gering. Die überwiegende Meinung geht bei unwesentlichen Bestandteilen davon aus, dass diese grundsätzlich, soweit nicht zwischen den Beteiligten etwas anderes vereinbart ist, von Verpflichtungs- und Verfügungsgeschäften über die Hauptsache mitbetroffen sind.[48] Diese Vermutung soll demgegenüber für Scheinbestandteile im Sinne des § 95 BGB nicht greifen.[49] Sonderrechtsfähig sind unabhängig davon sowohl die unwesentlichen Bestandteile als auch die Scheinbestandteile.[50]

3. Zubehör

Durch die Qualifikation als Scheinbestandteil im Sinne des § 95 Abs. 1 S. 1, S. 2 BGB ist noch nichts darüber gesagt, ob der Scheinbestandteil als Zubehör im Sinne des § 97 BGB zu gelten hat. Soweit dieser lediglich zu vorübergehenden Zwecken nach § 95 Abs. 1 S. 1 BGB eingefügt wurde, kann er nicht Zubehör sein, weil dieses dem wirtschaftlichen Zweck der Hauptsache dienen muss und daher nicht nur einen vorübergehenden Zweck erfüllen kann.[51] Da allerdings § 95 Abs. 1 S. 2 BGB auch anzuwenden ist, wenn das Gebäude oder das Werk dauernd auf dem Grundstück verbleiben soll, schließt die so begründete Stellung als Scheinbestandteil die Zubehöreigenschaft nicht aus. Ist der Gegenstand als Zubehör einzuordnen, greifen sowohl § 311c BGB als auch § 926 BGB. Danach wird einerseits vermutet, dass bei einem Kaufvertrag über die Immobilie auch das Zubehör mitverkauft ist. § 926 Abs. 1 S. 1 BGB bestimmt andererseits, dass eine Auf-

---

47 *Bork*, Allgemeiner Teil des Bürgerlichen Gesetzbuchs, 4. Aufl. 2016, Rn. 249; BeckOGK-BGB/*Mössner*, 01.03.2021, § 96, Rn. 48; Erman/*Schmidt*, BGB, 16. Aufl. 2020, § 95, Rn. 18; Staudinger/*Stieper*, BGB, 2017, § 95, Rn. 27; MüKo-BGB/*Stresemann*, 9. Aufl. 2021, § 96, Rn. 37; *Wieling*, Sachenrecht, 2. Aufl. 2006, S. 92.
48 RGZ 69, 117, 120; 158, 362, 369; OLG Frankfurt a. M. NJW 1982, 653, 654; OLG Köln BeckRS 2012, 19421.
49 BeckOGK-BGB/*Mössner*, 01.03.2021, § 96, Rn. 48.
50 Siehe OLG Frankfurt a. M., NJW 1982, 653, 654; OLG Köln, BeckRS 2012, 19421.
51 BGH, NJW 1962, 1498.

lassung über das Grundstück ebenso die beweglichen Zubehörgegenstände umfasst, wenn dies zwischen den Beteiligten vereinbart ist. Dass über das Zubehör verfügt werden soll, vermutet in diesem Zusammenhang § 926 Abs. 1 S. 2 BGB. Bei zahlreichen praktischen Anwendungsfällen des § 95 Abs. 1 S. 2 BGB in der notariellen Praxis wird folglich die Zubehöreigenschaft zu bejahen sein. Dies gilt beispielsweise für Photovoltaikanlagen auf dem Dach eines Gebäudes.[52] Dabei kommt es nicht darauf an, ob eine solche Anlage zur alleinigen Versorgung des Gebäudes dient oder ob sie zugleich eine Einnahmequelle darstellen soll, indem sie Energie in das Stromnetz einspeist und hierdurch Vergütungen generiert. Auch in letzterem Fall ist die Anlage dem wirtschaftlichen Zweck der Immobilie zu dienen bestimmt, weil das Gebäude dann zusätzlich eine ökonomische Zielsetzung zur Generierung von Einnahmen verfolgt.[53] Ebenfalls als Zubehör zu betrachten sind die Heizungs- oder Wärmeanlagen im Rahmen einer Contracting-Verbindung. Diese stützen ebenfalls den wirtschaftlichen Zweck des Gebäudes, weil es ansonsten nicht beheizt und damit nicht ordnungsgemäß genutzt werden kann. Zu beachten ist jedoch, dass die Qualifikation als Zubehör nur dann von Relevanz ist, wenn die Sache im Eigentum des Grundstückseigentümers steht. Gehört sie einem Dritten, so wird typischerweise der Veräußerer der Immobilie bereits hierüber aufklären oder kann jedenfalls nur im Rahmen eines gutgläubigen Erwerbs nach §§ 927 Abs. 2, 932 ff. BGB wirksam über den Gegenstand verfügen.

4. Erlöschen des Rechts

Zweifelhaft ist hingegen, welche Rechtsfolgen das spätere Erlöschen des die Eigenschaft als Scheinbestandteil begründenden Rechts zeitigt. Die herrschende Meinung geht davon aus, dass auch dann, wenn das Recht nach der ursprünglichen Herstellung eines Scheinbestandteils untergeht, dies an dessen Sonderrechtsfähigkeit nichts zu ändern vermag.[54] Der Ge-

---

52 OLG Oldenburg, JurBüro 2013, 96.
53 OLG Oldenburg, JurBüro 2013, 96; LG Passau, RNotZ 2012, 511, 512; LG Saarbrücken, ZfIR 2017, 421, 422; *Goldbach*, ZfIR 2014,37, 38 f.; *Meier*, MittBayNot 2019, 548; anders aber: OLG Nürnberg, MittBayNot 2017, 146, 149; Staudinger/*Stieper*, 2017, § 97, Rn. 26.
54 BeckOK-BGB/*Fritzsche*, 01.02.2022, § 95, Rn. 15; *Giesen*, AcP 202, 689, 718; Jauernig/*Mansel*, BGB, 18. Aufl. 2021, § 95 Rn. 3, NK-BGB/*Ring*, 4. Aufl. 2021, § 95, Rn. 41; Erman/*Schmidt*, BGB, 16. Aufl. 2020, § 95 Rn. 17; *Stieper*, Die Scheinbestandteile, 2002, S. 67; *Vennemann*, MDR 1952, 75, 78.

genstand falle mithin nicht automatisch in das Eigentum des Grundstückseigentümers und werde auch nicht wesentlicher Bestandteil des Grundstücks.[55] Vielmehr müsse der Gegenstand durch seinen Eigentümer an den Eigentümer des Grundstücks übereignet werden.[56] Zum Teil wird darüber hinaus gefordert, dass zwischen dem Eigentümer der Sache und dem des Grundstücks analog § 929 S. 2 BGB eine Einigung über die Begründung der Bestandteilseigenschaft erfolgen müsse,[57] während bei einer Personenidentität von Eigentümer der Sache und des Grundstücks allein die Willensänderung genüge, die allerdings nach außen erkennbar sein müsse.[58]

Zu überzeugen vermögen diese Ansichten allerdings nicht.[59] Nach § 94 Abs. 1 S. 1 BGB gehören zu den wesentlichen Bestandteilen eines Grundstücks alle Sachen, die mit Grund und Boden fest verbunden sind. Hinzu kommen nach § 94 Abs. 2 BGB die zur Herstellung eines Gebäudes in dieses eingefügte Sachen. Von dieser Grundregelung macht § 95 BGB eine Ausnahme dahingehend, dass sowohl Sachen, die zu einem vorübergehenden Zweck mit dem Grund und Boden verbunden sind, als auch solche, die in Ausübung eines Rechts eingefügt wurden, lediglich Scheinbestandteile darstellen. Betrachtet man den Wortlaut des § 95 Abs. 1 BGB, so zeigt sich insoweit eine Divergenz zwischen Satz 1 und Satz 2, als Satz 1 davon spricht, dass die Sache nur zu einem vorübergehenden Zweck mit dem Grundstück *verbunden sei*, während Satz 2 davon ausgeht, die Eigenschaft als Scheinbestandteil werde dadurch erlangt, dass die Sache in Ausübung eines entsprechenden Rechts *verbunden worden ist*. Rein sprachlich bezieht sich § 95 Abs. 1 S. 1 BGB damit auf einen Dauerzustand, wohingegen § 95 Abs. 1 S. 2 BGB auf das punktuelle Vorliegen des Rechts im Moment des Einbaus der Sache Bezug nimmt. Dies würde zumindest im Hinblick auf § 95 Abs. 1 Satz 2 BGB für die herrschende Ansicht sprechen, weil dann die Sonderrechtsfähigkeit schon dann dauerhaft einträte, wenn im Zeitpunkt des Einbaus der Sache ein entsprechendes dingliches Recht bestand.

Ein solches Verständnis würde jedoch zu kurz greifen. Es ist nicht zu ersehen, dass der Gesetzgeber in § 95 Abs. 1 S. 1 und S. 2 BGB divergierende Anforderungen für den Zeitraum oder den Zeitpunkt des Vorliegens des

---

[55] BeckOK-BGB/*Fritzsche*, 01.02.2022, § 95, Rn. 15; Jauernig/*Mansel*, BGB, 18. Aufl. 2021, § 95, Rn. 3; NK-BGB/*Ring*, 4. Aufl. 2021, § 95, Rn. 41; Erman/*Schmidt*, BGB, 16. Aufl. 2020, § 95, Rn. 17.
[56] BeckOGK-BGB/*Mössner*, 01.03.2021, § 96, Rn. 35; Staudinger/*Stieper*, 2017, § 97, Rn. 23.
[57] BGH, NJW 2006, 990, 991.
[58] BGH, BeckRS 2019, 41885.
[59] Ebenso: *Meier*, MittBayNot 2020, 1, 4 f; *Weimar*, BauR 1973, 206, 207.

Umstandes, der die Eigenschaft als Scheinbestandteil begründet, treffen wollte.[60] Der Wunsch nach einer Differenzierung lässt sich auch den Gesetzesmaterialien nicht entnehmen.[61] Vielmehr ist schon aufgrund der Fassung des Abs. 1 S. 2 anzunehmen, dass der Gesetzgeber einen grundsätzlichen Gleichlauf von S. 1 und S. 2 erreichen wollte. Daher spricht alles dafür, § 95 Abs. 1 S. 1 und S. 2 BGB parallel auszulegen.[62] Betrachtet man zudem, dass der Bundesgerichtshof davon ausgeht, dass eine nachträgliche Eigenschaft als Scheinbestandteil dadurch hergestellt werden kann, dass sich die subjektive Zielrichtung des Eigentümers derart verändert, dass er nunmehr eine vormals als dauerhaft eingebaute Sache nur noch vorübergehend im Grundstück belassen will,[63] belegt dies, dass nachträgliche Veränderungen im Willen des Eigentümers beachtlich sind. Kann auf diese Weise im weiteren Verlauf ein Scheinbestandteil hergestellt werden, muss eine Willensänderung in die andere Richtung, so dass eine dauerhafte Verbindung gewollt ist, ebenfalls berücksichtigt werden mit der Konsequenz, dass die Sache dann wesentlicher Bestandteil des Grundstücks wird und somit nachfolgend im Eigentum des Grundstückseigentümers steht. Dies erscheint systematisch überzeugend, weil die Ausnahme von der Grundregel des § 94 BGB nur insoweit gerechtfertigt ist, als die Voraussetzungen für die Qualifikation als Scheinbestandteil noch gegeben sind. Daher ist eine gleichlaufende Auslegung für § 95 Abs. 1 S. 2 BGB geboten, so dass ein Wegfall oder eine Aufhebung des dinglichen Rechts, das zur Installation und Unterhaltung der Sache auf dem fremden Grundstück berechtigt, dazu führt, dass die fest mit dem Grundstück verbundene oder zur Herstellung eines Gebäudes eingefügte Sache als wesentlicher Bestandteil des Grundstücks gilt und folglich allein dem Eigentümer des Grundstücks zustehen kann.[64] Letzteres ergibt sich daraus, dass in diesem Fall die Sonderrechtsfähigkeit aufgehoben ist und demnach der Bestandteil notwendigerweise das Schicksal des Grundstücks teilen muss.

Zum gleichen Ergebnis dürfte die herrschende Meinung allerdings zumindest dann gelangen, wenn der Eigentümer des Scheinbestandteils freiwillig das entsprechende Recht aufgibt. In diesem Fall wird regelmäßig in der Erklärung auch das vom Grundstückseigentümer stillschweigend angenommene Angebot auf Einigung über den Eigentumsübergang der Sache

---

60 *Meier*, MittBayNot 2019, 548, 552.
61 Siehe dazu: *Mugdan*, 3. Band, Motive, 1988, S. 26f.
62 Dazu auch schon in anderem Zusammenhang: *Meier*, MittBayNot 2019, 548, 552.
63 BGH, BeckRS 2019, 41885.
64 Letztlich wie hier: Ebenso: *Meier*, MittBayNot 2020, 1, 4f.; *Weimar*, BauR 1973, 206, 207.

konkludent enthalten sein, so dass die von der herrschenden Meinung geforderte Übereignung nach § 929 S. 2 BGB gegeben ist.[65] Unschlüssig ist die herrschende Meinung des Weiteren insofern, als es dem Eigentümer des Grundstücks und der Sache möglich sein soll, die Eigenschaft als wesentlicher Bestandteil durch einen Willensakt herbeizuführen.[66] Dies lässt sich mit dem Gesetz nicht begründen, da § 94 BGB selbstständig und abschließend definiert, unter welchen Bedingungen eine mit dem Grundstück verbundene Sache als wesentlicher Bestandteil zu begreifen ist. Dies ist der Parteidisposition grundsätzlich entzogen, so dass die Beteiligten weder durch Vereinbarung die Bestandteilseigenschaft aufheben noch für sich genommen diese begründen können, wenn die Voraussetzungen nach dem Gesetz nicht gegeben sind.[67] Geht die herrschende Meinung aber davon aus, dass der Wegfall des dinglichen Rechts ohne Auswirkung auf die Eigenschaft als Scheinbestandteil bleibt,[68] könnte auch der Wille des Eigentümers des Grundstücks und der damit verbundenen Sache hieran nichts mehr ändern. Es müsste infolgedessen die Eigenschaft als Scheinbestandteil dauerhaft bestehen, was allerdings auch von der herrschenden Meinung nicht behauptet wird. Die von der herrschenden Meinung aufgestellten Differenzierungen erweisen sich damit als dogmatisch nicht haltbar.[69] Ein schlüssiges Gesamtkonzept lässt sich nur dann aufstellen, wenn man davon ausgeht, dass der Wegfall des die Eigenschaft als Scheinbestandteil begründenden Umstands stets dazu führt, dass der fest mit dem Grundstück verbundene Gegenstand als wesentlicher Bestandteil anzusehen ist und somit immer dem Eigentümer des Grundstücks zusteht.[70] Fällt daher das dingliche Recht nach § 95 Abs. 1 S. 2 BGB weg, erlischt gleichermaßen die Sonderrechtsfähigkeit der so verbundenen Sache, so dass diese dem Eigentum des Grundstückseigentümers zugehörig ist.

---

65 So auch für die umgekehrte Situation: BeckOGK-BGB/*Mössner*, 01.03.2021, § 96, Rn. 17.
66 BGH, BeckRS 2019, 41885.
67 Siehe auch für die Herstellereigenschaft nach § 950 BGB: BGH, NJW 1989, 3213.
68 BeckOK-BGB/*Fritzsche*, 01.02.2022, § 95, Rn. 15; *Giesen*, AcP 202, 689, 718; Jauernig/*Mansel*, BGB, 18. Aufl. 2021, § 95, Rn. 3; NK-BGB/*Ring*, 4. Aufl. 2021, § 95, Rn. 41; Erman/*Schmidt*, BGB, 16. Aufl. 2020, § 95, Rn. 17; *Stieper*, Die Scheinbestandteile, 2002, S. 67; *Vennemann*, MDR 1952, 75, 78.
69 Abl. auch *Meier*, MittBayNot 2020, 1, 4 f.; *Weimar*, BauR 1973, 206, 207.
70 Im Ergebnis wie hier: *Meier*, MittBayNot 2020, 1, 4 f.; *Weimar*, BauR 1973, 206, 207.

V. Exkurs: Nachträgliche Begründung der Eigenschaft als Scheinbestandteil

Von nicht unerheblicher Bedeutung erweist sich in der Praxis zudem die Frage, in welcher Weise aus einem wesentlichen Bestandteil wieder ein Scheinbestandteil werden kann. Dies hat vor allem dann Bedeutung, wenn Immobilien verkauft oder verschenkt werden sollen, allerdings einzelne, bisher wesentliche Bestandteile beim bisherigen Eigentümer verbleiben sollen. Ein solches Vorgehen ist nicht selten gewünscht, wenn es sich um Anlagen zur Erzeugung von erneuerbaren Energien handelt, wobei vor allem Photovoltaikanlagen von großer Relevanz sind. Sie generieren für ihren jeweiligen Eigentümer weiterhin Einnahmen und sollen deshalb nicht selten bei demjenigen verbleiben, der sie ursprünglich errichtet hat. Daneben können steuerliche Aspekte eine Rolle spielen, weil insbesondere bei Überlassungen im Wege der vorweggenommenen Erbfolge die Einnahmen weiterhin der Elterngeneration verbleiben sollen, die typischerweise niedrigere persönliche Steuersätze aufweist und daher höhere Nettoeinnahmen erzielen kann. Daneben dient die Anlage mitunter der Altersvorsorge der Übergeber, so dass es für diese auch deshalb von erheblicher Wichtigkeit ist, die Anlagen zurückzubehalten. Kautelarjuristisch kann zwar schuldrechtlich eine entsprechende Regelung zwischen den Beteiligten vereinbart werden, wonach die Erträge herauszugeben sind, diese Verpflichtung lässt sich aber nicht ohne Weiteres dinglich sichern. Zwar dürfte es möglich sein, eine entsprechende Reallast am Grundstück zu bestellen, da die Leistungen nur bestimmbar, nicht aber auch bestimmt sein müssen, wie sich aus § 1105 Abs. 1 S. 2 BGB ergibt.[71] Allerdings erweist sich dies speziell bei der weiteren Nutzung der Immobilie als Sicherungsobjekt als hinderlich. Darüber hinaus können sich mitunter ungewollte steuerliche Implikationen ergeben.[72] Es entspricht daher den berechtigten und tatsächlichen Interessen der Beteiligten, die jeweilige Anlage im rechtlichen Eigentum des bisherigen Inhabers zu halten. Hierzu ist es allerdings erforderlich, den Gegenstand, der bislang wesentlicher Bestandteil war, nunmehr in einen Scheinbestandteil zu verwandeln.

Rechtlich unproblematisch möglich ist dies dadurch, dass die Anlage demontiert, im Anschluss daran eine Dienstbarkeit zu Gunsten des Eigentümers bestellt und in der Folge die Anlage wieder montiert wird.[73] In die-

---

71 MüKo-BGB/*Mohr*, 8. Aufl. 2020, § 1105, Rn. 32; BeckOK-BGB/*Reischl*, 61. Ed. 2022, § 105, Rn. 14 ff.; BeckOGK-BGB/*Sikora*, 01.02.2022, § 1105, Rn. 41 ff.
72 Dies gilt vor allem für die Abzugsfähigkeit von Investitionen, wenn diese bei demjenigen anfallen, dem die Gewinne nicht verbleiben.
73 *Wicke*, DNotZ 2006, 252, 254; *Woitkewitsch*, ZMR 2004, 649, 650.

sem Fall ist der Wortlaut des § 95 Abs. 1 S. 2 BGB erfüllt, weil dann die Anlage bei ihrer zweiten Installation in Ausübung eines entsprechenden dinglichen Rechts mit dem Grundstück verbunden wird. Ein solches Vorgehen ist aber oftmals schon technisch ausgeschlossen, weil die Anlage nicht ohne Weiteres abgebaut werden kann und insoweit Gefahr läuft, beschädigt oder zerstört zu werden. Darüber hinaus ist ein derartiges Procedere kostenintensiv und praktisch den Beteiligten nicht zu vermitteln.[74]

Es stellt sich daher die Frage, ob die nachträgliche Bestellung eines entsprechenden dinglichen Rechts, insbesondere einer diesbezüglichen Dienstbarkeit an dem Grundstück bereits für sich genommen geeignet ist, die Eigenschaft als Scheinbestandteil hervorzurufen und daher einen Rückbehalt der Anlage zu ermöglichen. Der BGH hat bereits früher zu § 95 Abs. 1 S. 1 BGB entschieden, dass eine Änderung des Willens, die Sache dauerhaft mit dem Grundstück verbunden zu lassen, in der Weise, dass sie nunmehr ausschließlich für einen vorübergehenden Zweck im Grundstück verbleiben soll, beachtlich ist und bewirkt, dass die so verbundene Sache Scheinbestandteil wird.[75] Da der BGH dies allerdings unter Bezugnahme auf öffentlich-rechtliche Erwägungen in einem Sachverhalt entschieden hat, in dem eine gemeindliche Rohrleitung, die in einem gemeindlichen Grundstück verlegt war,[76] an einen Zweckverband veräußert wurde, sind die Rechtsfolgen, die aus dieser Entscheidung abzuleiten sind, umstritten. Während ein Teil der Literatur davon ausgeht, es handele sich um eine Einzelfallentscheidung, so dass die nachträgliche Begründung einer Scheinbestandteils im Übrigen ausgeschlossen sei,[77] gehen andere davon aus, dass nicht nur nach § 95 Abs. 1 S. 1 BGB, sondern auch nach § 95 Abs. 1 S. 2 BGB Scheinbestandteile durch nachträgliche Maßnahmen entstehen könnten.[78]

Im Ergebnis ist der zweitgenannten Ansicht der Vorzug zu geben. § 95 Abs. 1 S. 1 BGB spricht lediglich davon, dass die Sache mit dem Grundstück nur zu einem vorübergehenden Zweck verbunden sein muss, um als Scheinbestandteil zu gelten. Die Norm nimmt damit Bezug auf den derzei-

---

74 *Meier*, MittBayNot 2019, 548, 551.
75 BGH, NJW 2006, 990, 991 f.
76 Siehe dazu den Sachverhalt bei BGH, NJW 2006, 990.
77 *Giesen*, AcP 202, 689, 718; *Hertel*, MittBayNot 2006, 321, 322 f.; *Reymann*, DNotZ 2010, 84, 93 f.; MüKo-BGB/*Stresemann*, 9. Aufl. 2021, § 95, Rn. 16; *Voß/Steinhuber*, ZfIR 2012, 337, 344; *Woitkewitsch*, ZMR 2004, 649, 650 f.
78 Grüneberg/*Ellenberger*, 81. Aufl. 2021, § 95, Rn. 4; BeckOK-BGB/*Fritzsche*, 01.02.2022, § 95, Rn. 17; *Kappler*, ZfIR 2012, 264, 268; *Meier*, MittBayNot 2019, 548, 551 ff.; *Peters*, WM 2007, 2003, 2006 ff.; *Wicke*, DNotZ 2006, 252, 254 ff.

tigen Zustand, so dass es nicht darauf ankommt, welcher Zweck beim ursprünglichen Einbau verfolgt wurde.[79] Da § 95 Abs. 1 S. 1 BGB und § 95 Abs. 1 S. 2 BGB grundsätzlich parallel auszulegen sind,[80] ist es geboten, diese Erwägung auch auf § 95 Abs. 1 S. 2 BGB zu erstrecken. Darüber hinaus ist zu beachten, dass das BGB grundsätzlich die Einhaltung bedeutungsloser Förmlichkeiten vermeiden will,[81] so dass nicht anzunehmen ist, dass der Gesetzgeber die Beteiligten zwingen wollte, die Sache, die zum wesentlichen Bestandteil geworden ist, zunächst abzubauen, um sodann ein entsprechendes Recht bestellen zu können, und im Anschluss die Sache wieder zu montieren.[82] Ein derartiges Vorgehen erweist sich als technisch unzweckmäßig und wirtschaftlich sinnlos. Vielmehr ist anzunehmen, dass dem Gesetzgeber bei Schaffung des BGB eine derartige Konstellation nicht vor Augen hatte, weshalb die Norm planwidrig sprachlich unvollständig ist und sie daher im Wege der Analogie auf die Situation der nachträglichen Bestellung eines Rechts im Sinne des § 95 Abs. 1 S. 2 BGB erweitert werden muss.[83] Dies wird noch dadurch gestützt, dass durch eine nachträgliche Bestellung eines entsprechenden Rechts das Publizitätsprinzip in wesentlich stärkerem Maße gewahrt wird, als dies bei einer nachträglichen Zweckänderung der Fall ist.[84] Lässt man diese als ausreichend für die Herbeiführung einer Eigenschaft als Scheinbestandteils genügen, kann nichts anderes für die spätere Schaffung eines Rechts nach § 95 Abs. 1 S. 2 BGB gelten.[85]

Obwohl dem Bundesgerichtshof damit darin zuzustimmen ist, dass durch eine Veränderung des Willens nach § 95 Abs. 1 S. 1 BGB ein Scheinbestandteil erzeugt werden kann, ermöglicht dies regelmäßig die Sonderrechtsfähigkeit von Anlagen, die mit Immobilien, die auf einen anderen

---

79 BGH, NJW 2006, 990, 991 f.
80 *Meier*, MittBayNot 2019, 548, 552.
81 Siehe bspw. § 281 Abs. 2 Alt. 1, § 323 Abs. 2 Nr. 1 BGB.
82 *Meier*, MittBayNot 2019, 548, 553.
83 *Meier*, MittBayNot 2019, 548, 553; abl. jedoch mit nicht nachvollziehbarem Verweis auf den Wortlaut, der bei einer Rechtsfortbildung aber gerade überwunden wird: BeckOGK-BGB/*Mössner*, 01.03.2021, § 95, Rn. 32.
84 *Meier*, MittBayNot 2019, 548, 553; krit. im Hinblick auf Publizitätsprinzip aber *Hertel*, MittBayNot 2006, 321, 323; *Reymann*, DNotZ 2010, 84, 93 f.; *Voß/Steinhuber*, ZfIR 2012, 337, 344; *Woitkewitsch*, ZMR 2004, 649, 650 f.
85 Im Ergebnis wie hier: Grüneberg/*Ellenberger*, 81. Aufl. 2021, § 95, Rn. 4; BeckOK-BGB/*Fritzsche*, 01.02.2022, § 95, Rn. 17; *Kuppler*, ZfIR 2012, 264, 260, *Meier*, MittBayNot 2019, 548, 551 ff.; *Peters*, WM 2007, 2003, 2006 ff.; *Wicke*, DNotZ 2006, 252, 254 ff..

Eigentümer übertragen werden sollen, verbunden sind, nicht.[86] Entgegen der Behauptung des BGH begründet nämlich der Umstand, dass die Anlagen beim bisherigen Eigentümer verbleiben, gleichzeitig aber auch mit der zukünftig in fremden Eigentum stehenden Immobilie verbunden sein sollen, keine Zweckänderung dahingehend, dass mit der Anlage nur vorübergehende Ziele verfolgt werden.[87] Soweit Anlagen- und Grundstückseigentümer auseinanderfallen, sagt dies noch nichts darüber aus, ob die Anlage nur vorübergehend oder dauerhaft mit dem Grundstück verbunden sein soll. Dies ist vielmehr danach zu entscheiden, ob eine Demontage beabsichtigt ist. Diesem Zweck soll zwar nach der Rechtsprechung der Plan, die Anlage für eine Dauer zu belassen, die ihrer üblichen Lebensdauer entspricht, nicht entgegenstehen,[88] allerdings genügt der nur abstrakte Vorbehalt, die Einrichtung zu entfernen, wenn sie technisch oder wirtschaftlich wertlos geworden ist, nicht.[89] Wollte man insoweit anders entscheiden, gäbe es keine dauerhafte Verbindung, da sich der Eigentümer stets vorbehalten wird, bei einer Zerstörung des Werks dieses abzubauen, so dass nicht einmal Gebäude wesentliche Bestandteile sein könnten. Es ist deshalb erforderlich, dass eine feste und unbedingte Absicht zur Wiederentfernung besteht, woran es aber regelmäßig mangeln wird. Die Eigentümer einer wirtschaftlich genutzten Anlage auf einem Grundstück werden diese typischerweise so lange betreiben wollen, wie diese wirtschaftliche Rendite verspricht, und zudem noch nicht einmal dann sicher von einer Demontage ausgehen, wenn der technische oder wirtschaftliche Zweck nicht mehr erfüllt wird.[90] Auch in diesem Fall kann es sein, dass die Einrichtung vorübergehend oder dauerhaft auf dem Grundstück verbleibt, um die Kosten der Entfernung zu sparen. Infolgedessen ergibt sich ein vorübergehender Zweck ebenfalls nicht dadurch, dass die Immobilie selbst auf einen anderen Eigentümer übertragen wird, weil sich hierdurch an der bisherigen Zielsetzung der Beteiligten in Bezug auf die Anlage nichts ändert. War diese vorher zu einem dauernden Zweck installiert, ist sie dies auch nach der

---

86 *Meier*, MittBayNot 2019, 548, 554.
87 Im Ergebnis ebenso: *Hertel*, MittBayNot 2006, 321, 322 f.; *Reymann*, DNotZ 2010, 84, 93.
88 BGH, NJW 2017, 2099, 2100 f.; schon grundsätzlich anders aber bspw.: *Stieper*, WM 2007, 861 865.
89 *Böttcher*, notar 2012, 383, 385; *Ganter*, WM 2002, 105, 107 f.; *Goecke/Gamon*, WM 2000, 1309, 1311; *Meier*, MittBayNot 2019, 548, 554; *Stieper*, Die Scheinbestandteile, 2002, S. 32.
90 *Meier*, MittBayNot 2019, 548, 554.

Übertragung des Grundstücks.[91] Es ist vor diesem Hintergrund erforderlich, dass zu Gunsten des bisherigen Eigentümers ein entsprechendes dingliches Recht, zumeist eine Dienstbarkeit, bestellt wird, die es ihm gestattet, die Anlage auf dem Grundstück zu errichten und zu betreiben, um die Sonderrechtsfähigkeit nach § 95 Abs. 1 S. 2 BGB zu begründen und damit einen Rückbehalt der Einrichtung zu ermöglichen.[92]

VI. Schluss

Die in Abteilung II des Grundbuchs eingetragenen Rechte entfalten nicht nur hinsichtlich ihrer primären Funktion, die darin besteht, eine bestimmte Rechtsposition abzusichern, große praktische Bedeutung, sondern haben darüber hinaus zentrale Wichtigkeit in Bezug auf die Schaffung sonderrechtsfähiger Gegenstände. Ohne diese Möglichkeit wären zahlreiche wirtschaftlich zweckmäßige und praktische notwendige Gestaltungen nicht denkbar. Insbesondere das so genannte Contracting, dass vor allem in Bauträgerobjekten überragende Relevanz aufweist, wäre ohne die Möglichkeit des § 95 Abs. 1 S. 2 BGB kaum durchführbar. Wichtig ist die Option aber auch im Bereich der erneuerbaren Energien.

---

91 *Meier*, MittBayNot 2019, 548, 554.
92 Siehe zu einem Formulierungsvorschlag *Meier*, MittBayNot 2020, 1, 4.

Sharing Economy durch Mobiliarnießbrauch

Johannes Richter

I. Einleitung

Gegensätzlicher könnten die beiden Schlagworte des Titels dieses Beitrags kaum anmuten: Während der modern klingende Begriff der *Sharing Economy* zeitweise in aller Munde war und auch weiterhin auf lebhaftes Interesse in Wirtschaft, Politik und Forschung trifft,[1] fällt der – in der heutigen Lebenswirklichkeit praktisch nicht existente – *Mobiliarnießbrauch* nicht nur aus der Zeit, sondern auch aus der Reihe der sonstigen Beiträge zur „Relevanz der beschränkten dinglichen Rechte in der Praxis".

Der Beitrag widmet sich dieser Diskrepanz mit der Fokussierung auf dem beschränkten dinglichen Recht: Ausgehend vom Tagungsthema steht der Nießbrauch an beweglichen Sachen im Zentrum; die Entwicklungen der Sharing Economy werden demgegenüber genutzt, um verschiedene Aspekte konkret und greifbarer zu machen und um die Aktualität der Themen und Probleme aufzuzeigen.

II. Sharing Economy – „vom Haben zum Nutzen"

Der Begriff der Sharing Economy beschreibt die immer stärker werdende Entwicklung innerhalb der Industriegesellschaften, nach der Güter – Wirtschaftsgüter, Produktionsgüter, vor allem aber Gebrauchsgüter – nicht mehr vollständig zu Eigentum erworben, sondern nur zeitweise genutzt werden. Der Begriff kennzeichnet mithin einen „Paradigmenwechsel vom ‚Haben' zum ‚Nutzen'"[2].

---

1 Im Zentrum des rechtswissenschaftlichen Interesses stehen häufig öffentlich- sowie arbeitsrechtliche Fragen; zuletzt sind aber auch Fragen des allgemeinen Zivilrechts stärker in den Fokus gerückt (s. etwa *von Schönfeld/Radtke*, NJW 2021, 1841; *Legner*, NJOZ 2022, 353, 357 f.; *Kumkar*, ZfPW 2020, 306, 313; *Anzinger*, in: Fries/Paal, Smart Contracts, 2019, S. 33 ff.).
2 *Schmidt-Kessel*, in: GJZ, Privatrecht 2050, 2020, 9, 12; ähnlich *Legner*, NJOZ 2022, 353, 358 („Nutzen statt Erwerben") oder *Kumkar*, ZfPW 2020, 306, 313. Grundlegend *Rifkin*, The Age of Access, 2000.

Das „Haben" – in juristischer Terminologie also das Innehaben des Vollrechts Eigentum – wird für den konkreten Nutzer weniger wichtig, während das nur temporäre „Nutzen" fremder Güter an Bedeutung gewinnt; immer häufiger kommt es „auf den Erwerb von Nutzungs- und nicht auf den von Eigentumsrechten"[3] an.

Diese Feststellung soll unter zwei Einschränkungen gestellt werden: Zum einen lässt sich die beschriebene Tendenz zwar an vielen, ganz unterschiedlichen Stellen erkennen, sie zeigt sich jedoch nicht überall. Bei einigen Gütern – insbesondere bei solchen, die nicht bzw. nicht primär Gebrauchsgüter sind – ist ein umgekehrter Trend zu erkennen. So sinkt in Deutschland etwa die (gleichwohl vergleichsweise sehr hohe) Mietquote bei Wohnraum in der langfristigen Tendenz; hier geht der Trend hin zum „Haben", also zum Wohnraumeigentum.[4]

Die zweite Einschränkung betrifft die „Neuartigkeit" der Sharing Economy: Auch dort, wo man den grundsätzlichen Trend „vom Haben zum Nutzen" erkennt, ist er nicht überall so neu, wie die modern-klingende Begrifflichkeit suggeriert. Deutlich wird dies etwa an der insbesondere im 18. und 19. Jahrhundert verbreiteten gemeinsamen Güternutzung in genossenschaftlicher Form,[5] aber auch mit Blick auf die seit Mitte des 20. Jahrhunderts immer größer werdende Bedeutung des Leasing, gerade auch (aber nicht nur) im unternehmerischen Bereich.[6]

Auch wenn die Entwicklungen der Sharing Economy nicht grundlegend neu und einzigartig sind, so zeigt sich heute doch – insbesondere veranlasst durch die immer stärkere Digitalisierung und Vernetzung – eine besonders auffällige Bedeutungszunahme bei der zeitlich begrenzten Nutzung fremder Güter. Die Entwicklung vom Haben zum Nutzen lässt sich bei vielen, ganz unterschiedlichen (Gebrauchs-)Gegenständen erkennen: Beim PKW, der mittel- oder langfristig geleast, aber auch ganz kurzfristig im Car-Sharing genutzt wird, bei der Miete von Produktionsmaschinen

---

3 *Hagen/Rückert-John*, VJH 2016, 5.
4 Vor 25 Jahren waren etwa 60 % aller Wohnungen gemietet, vor 4 Jahren ca. 54 % https://www.destatis.de/DE/Themen/Gesellschaft-Umwelt/Einkommen-Konsum-Lebensbedingungen/Vermoegen-Schulden/Tabellen/hug-wonflaeche-anteile-evs.html; https://www.destatis.de/DE/Service/Statistik-Campus/Datenreport/Downloads/datenreport-2021.pdf, 18.10.2022, S. 262.
5 Vgl. hierzu etwa *Hesse*, in: Dörr/Goldschmidt/Schorkopf, Share Economy, 2018, 21, 28 ff.; *Theurl*, Wirtschaftsdienst 95, 2015, 87, S. 90 f.
6 Vgl. etwa die Auswertung von *Rumscheidt* in der ifo Investitionsumfrage 2020, 157 ff. (https://www.ifo.de/DocDL/ifo_Beitraege_z_Wifo_88_kap_5_2.pdf, 18.10.2022) sowie die Übersicht bei *Grundmann*, Leasing und Factoring, 2021., S. 3 ff.

oder der Nutzung fremder IT-Hardware, ggf. auch im Wege des Cloudcomputings.[7]

Ganz besonders deutlich zeigt sich die Veränderung jedoch an vergleichsweise preiswerten Gütern, insbesondere bei Gebrauchsgegenständen des täglichen Lebens, die in der Vergangenheit typischerweise zu Eigentum erworben wurden – etwa bei Unterhaltungselektronik oder Mobiltelefonen, bei (Klein-)Fahrzeugen wie Fahrrädern oder eScootern, bei Modeartikeln etc. Auf all diese Güter lässt sich heute vergleichsweise unkompliziert, sehr kurzfristig und flexibel, oft über eine App zugreifen, ohne dass die Güter kaufweise erworben werden müssten.

Hintergrund dieser auffälligen Bedeutungszunahme sind sicherlich die Möglichkeiten der modernen Informationstechnologie und der fortschreitenden Digitalisierung und Vernetzung. Zum einen ist es heute problemlos möglich, auf fremde Sachen Zugriff zu nehmen, ohne dass sich die Parteien physisch begegnen müssten: Ein Fahrrad, ein Auto, ein eScooter kann entsperrt und genutzt werden, ohne dass ein (zeitaufwändiger und kostenintensiver) persönlicher Kontakt notwendig wäre. Die Übergabe der Sache bzw. des Schlüssels wird ersetzt durch die digital veranlasste Freigabe der Sache über eine App. Zum anderen ist es deutlich einfacher geworden, vertragliche Regelungen zur Nutzung, Nutzungsdauer, Zugriffsrechten und zu Zahlungen automatisiert zu treffen und im Falle der Vertragsbeendigung auch die faktische Nutzungsmöglichkeit (etwa durch *smart contracts*) zu entziehen.[8]

Der Aspekt des „Sharing" mag zunächst den Eindruck erzeugen, allein das *nichtkommerzielle Teilen* von Gütern stünde im Fokus. Tatsächlich finden sich zwar hinter dem Begriff der Sharing Economy auch solche Ansätze, nach denen Güter etwa aus konsumkritischen oder auch aus ökologischen Gründen ohne Gewinnerzielungsabsicht miteinander geteilt werden, wobei juristisch z.T. die Leihe, ggf. aber auch die Schenkung im Fokus steht. In der Entwicklung als deutlich wichtiger hat sich aber der Aspekt der „Economy" im Sinne einer marktwirtschaftlich ausgestalteten und profitorientierten „Ökonomie des Nutzens" herausgestellt. In aller Regel geht es um den *entgeltlichen Erwerb temporärer Nutzungsrechte*, weshalb

---

7 Insbesondere diese Form der nichtbesitzenden Nutzung wird das (traditionell besitzzentrierte) Zivilrecht vor besondere Herausforderungen stellen, vgl. hierzu noch unten (VI).
8 Vgl. hierzu etwa mit Blick insbes. auf § 858 BGB *Riehm*, in: *Fries/Paal*, Smart Contracts 2019, 85 ff.; *Casper/Grimpe*, ZIP 2022, 661 ff.; *Paulus/Matzke*, ZfPW 2018, 431 ff.

– nicht zu Unrecht – von einer „rental economy"[9], also einer Ökonomie des Mietens gesprochen wird.

Die herausragende Bedeutung, die der mietweisen Gebrauchsüberlassung in der Praxis zukommt, führt zu der Kernfrage dieses Beitrags: Warum wird die Nutzung fremder Sachen dominiert von Miete, von Leasing bzw. allgemeiner von obligatorischen Nutzungsrechten? Wenn die nur zeitweise Nutzung fremder Gegenstände immer wichtiger wird, wäre nicht auch eine Gestaltung als dingliches Nutzungsrecht möglich und sinnvoll – also *Sharing Economy durch (Mobiliar-)Nießbrauch*?

III. Die Irrelevanz des Mobiliarnießbrauchs

Der Nießbrauch ist das – nach dem Eigentum – umfangreichste dingliche Nutzungsrecht, das an ganz unterschiedlichen Gegenständen bestellt werden kann, etwa als Nießbrauch an Rechten[10] sowie – praktisch besonders wichtig – an Vermögen und Erbschaften.[11]

Im Zentrum der Regelungen des BGB steht jedoch der Nießbrauch an Sachen (§§ 1030 ff. BGB), der ebenfalls eine gewisse praktische Bedeutung hat. Allerdings wird dieser in der Praxis nicht „um seiner selbst willen" bestellt, sondern „um einen bestimmten Zweck zu verfolgen, sei es als Versorgungsnießbrauch, Sicherungsnießbrauch oder Vermächtnisnießbrauch."[12] Zudem beschränkt sich seine praktische Relevanz auf die Nutzung von Immobilien. Der Nießbrauch an beweglichen Sachen ist zwar ebenfalls speziell gesetzlich geregelt (vgl. §§ 1032 f., 1063 f. BGB), schon früh kam jedoch der Vorwurf auf, die detaillierte Normierung des Nießbrauchs werde nicht von der Bedeutung in der Praxis gespiegelt.[13] Insbesondere der

---

9   *Rott*, in: Micklitz/Reisch u.a., Verbraucherrecht 2.0, 2017, 221, 251; *Tech* (mit Bezugnahme auf *Wilson*) im Bundestagsausschuss „Digitale Agenda", BT-Ausschussdrs. 18 24 61, 5.
10 § 1068 Abs. 1 BGB; umfassend hierzu *Hauck*, Nießbrauch an Rechten, 2015.
11 §§ 1085 ff., 1089 BGB; vgl. *Ahrens*, Dingliche Nutzungsrechte, 2017 Kap. 2 Rn. 7 ff.
12 *Füller*, Eigenständiges Sachenrecht, 2006, 209. Vgl. auch die Auswertung bei MüKo-BGB/*Pohlmann*, 8. Aufl. 2020, § 1030, Rn. 14 ff.
13 *Nussbaum* etwa kam schon 1919 zu dem Schluss, dass „die Vorschriften des BGB über den Nießbrauch größtenteils nur auf dem Papier stehen, und daß sich die wissenschaftliche Behandlung des Gegenstandes vielleicht noch weiter als das Gesetz von der Wirklichkeit entfernt hat." (*Nussbaum*, Das Niessbrauchsrecht des BGB, II).

Mobiliarnießbrauch, also die Bestellung des Nießbrauchs „an einer einzelnen beweglichen Sache ist in der Praxis so gut wie unbekannt."[14]

Wenn es um die entgeltliche Nutzung beweglicher Sachen geht, dominieren andere Gestaltungsformen: Eine naheliegende Alternative zum Nießbrauch liegt nicht selten im Erwerb des Sacheigentums (1.); statt der Einräumung dinglicher werden jedoch in aller Regel obligatorische Nutzungsrechte gewährt (2.).

1. Eigentum als dingliche Alternative zum Nießbrauch

Um die Irrelevanz des Mobiliarnießbrauchs zu erklären, sollen drei Thesen aufgestellt und untersucht werden. Die erste These betrifft den Vergleich zweier dinglicher Rechte: Eigentum und Nießbrauch. Letzterer komme bei beweglichen Sachen nicht vor, weil kein Anlass bestehe „die Zuordnung der Sache nach Substanz und Nutzung zu teilen."[15] Kern dieses Gedankens ist die Annahme, dass es gerade bei beweglichen Sachen oft naheliegt, diese vollständig zu Eigentum zu erwerben, weshalb die aufwändigere Gestaltung in der Form des Mobiliarnießbrauchs praktisch nicht vorkomme.

Hierbei lässt sich der Eigentumserwerb (insbes. bei Gebrauchsgegenständen) ökonomisch als *Erwerb der zukünftigen Nutzungsmöglichkeit* verstehen: „alles Eigentum dient der Nutzung"[16]. Die Sache – etwa ein Haushaltsgerät – wird nicht um ihrer selbst Willen erworben, sondern um so die erwartete künftige Nutzungsmöglichkeit zu erhalten. Nach diesem Ansatz werden „nicht Waren, sondern Nutzungsmöglichkeiten […] gekauft. Der Kaufpreis einer Ware ist nichts anderes als der zusammengezogene Nutzungswert."[17]

Wirtschaftlich liegt eine Entscheidung für den Eigentumserwerb insbesondere dann nahe, wenn die Anschaffungskosten der Sache vergleichswei-

---

14 *Baur/Stürner*, Sachenrecht, 2009, § 54, Rn. 2; ähnlich *Westermann/Gursky/Eickmann*, Sachenrecht, 8. Aufl., § 120, Rn. 2 („Ein Einzelnießbrauch an beweglichen Sachen kommt praktisch kaum vor") oder *Bähr*, Grundzüge des Bürgerlichen Rechts, 452 („In der Praxis wird der Fahrnisnießbrauch kaum angewendet.").
15 *Westermann/Gursky/Eickmann*, Sachenrecht, 8. Aufl., § 138, Rn. 1.
16 *Reifner*, Das Geld, Bd. 3, 2017, S. 161.
17 *Ott/Scher*, ZIP 1986, 613, 621; ähnlich *Diederichsen*, in: FS Klingmüller , 1974, 65, 85 (Der Substanzwert sei „nichts anderes als die zusammengezogenen Nutzungswerte"). *Köndgen* will einen solchen Ansatz zu Recht nur als Metapher zulassen *Köndgen*, AcP 177, 1977, 1, 19.

se niedrig sind, der Gegenstand jedoch vergleichsweise häufig genutzt wird. Deshalb sind es vor allem die Güter des täglichen Gebrauchs – etwa Unterhaltungselektronik oder Haushaltsgeräte –, die typischerweise vollständig zu Eigentum erworben werden. Allerdings zeigt sich gerade bei derartigen Gütern die bereits beschriebene Entwicklung vom Haben zum Nutzen; insbesondere in diesem Bereich ist der Trend zur nur zeitweisen Nutzung fremder Güter besonders deutlich zu erkennen. Auch wenn die Gründe hierfür ganz unterschiedlich sind, dürfte ein wesentlicher Faktor die abnehmende „Halbwertszeit" bestimmter Produkte sein: Wenn immer mehr Gegenstände „smart" werden, also mit möglichst aktueller Software funktionieren sollen, dann besteht ein gesteigertes Interesse daran, möglichst auch Hardware nutzen zu können, die auf dem aktuellsten Stand der Technik ist. Ist etwa ein Smartphone bereits nach kurzer Zeit „veraltet", spricht schon rein wirtschaftlich Vieles dafür, ein (fremdes) Gerät nur temporär gegen ein laufendes Entgelt zu nutzen und im Bedarfsfall gegen ein neues Modell auszutauschen.[18]

Neben einer solchen, auf wirtschaftliche Aspekte fokussierten Betrachtungsweise spielen bei der Entscheidung für oder gegen den Eigentumserwerb auch gänzlich nicht-ökonomische Faktoren eine Rolle. So könnte das Eigentum u.U. nach außen hin als Statussymbol dienen; auch das subjektive „für sich selbst haben wollen" könnte für den Eigentumserwerb sprechen. Aber auch bei diesen „weichen" Kriterien wird unter dem Begriff der Sharing Economy ein (Kultur-)Wandel beschrieben: Immer stärker sei die Tendenz, die den Vorzug von kurzzeitiger, flexibler Nutzbarkeit betont und die „Bürde des Eigentums" meiden will;[19] auch als Statussymbol werde die Bedeutung des Eigentums geringer.[20]

Die Entwicklungen, die unter dem Begriff der Sharing Economy zusammengefasst werden, zeigen deutlich das Bedürfnis nach der Trennung von Substanz- und Nutzungsrechten und sie machen deutlich, dass der Eigentumserwerb – auch bei preisgünstigeren Gebrauchsgütern – nicht (mehr) stets die eindeutig präferierte Gestaltungsform ist.

---

18 Speziell hierzu *Poppelaars/Bakker/van Engelen*, Sustainability 2018, 10, 2133; zur aktuelleren Entwicklung in Deutschland *Raidl*, Handelsblatt, 28.07.2021, abrufbar unter https://www.handelsblatt.com/27458800.html 18.10.2022.
19 *Schuppert*, Eigentum neu denken, 215 ff.; *Moeller/Wittkowski*, MSQ 20, 2010, 176; *Kreutzer/Land*, Digitale Markenführung, 251.
20 *Loske*, in: Dörr/Goldschmidt/Schorkopf, Share Economy, 2018, 181; *Weiber/Lichter*, in: Kollmann, Handbuch Digitale Wirtschaft, 2020, 794.

2. Schuldverträge als obligatorische Alternative zum Nießbrauch

Wenn es in der Sharing Economy also letztlich nicht das Eigentumsrecht ist, das heute dem Nießbrauch den Rang abläuft, sondern die Miete oder das Leasing, dann scheint es in der Praxis einen Vorzug für die rein schuldrechtliche Ausgestaltung der Nutzungsüberlassung zu geben. Die praktische Irrelevanz des (Mobiliar-)Nießbrauchs könnte – so die zweite These – darin gründen, dass dieser „seinem Inhaber so weitreichende Befugnisse einräumt. Gewöhnlich werden dingliche Rechte zu einem konkreten Zweck eingesetzt, wobei dieser konkrete Zweck aber es häufig mit weniger umfassenden Rechten auskommen lässt."[21]

Eventuell ist der Nießbrauch – zugespitzt formuliert – zu „dinglich". Der Anbieter bzw. Eigentümer der Gegenstände hat ggf. ein Interesse daran, sich vergleichsweise „schwach" zu binden und seinem Vertragspartner nur relative Rechte einzuräumen, nicht aber seine Rechtsposition dinglich einzuschränken. Der Nießbrauch ist ein beschränktes dingliches Recht – er ist also ein in seinem Umfang (insbes. im Vergleich zum Vollrecht Eigentum) beschränktes Recht; die „Dinglichkeit" dieser Position ist hingegen uneingeschränkt.[22]

Der Begriff der Dinglichkeit ist trotz steter Diskussion schillernd geblieben;[23] er soll als Kategorisierungsbegriff genutzt werden, um verschiedene „typisch dingliche" Wirkungen zu beschreiben.[24] Namentlich erfährt das dingliche Nießbrauchsrecht *absolute Klage- und Anspruchsbewehrung* bei bzw. gegen Eingriffe von Dritten; es zeichnet sich durch *Sukzessions-* und durch *Vollstreckungsfestigkeit* aus; schließlich ist das im Nießbrauch wurzelnde Nutzungsrecht *abstrakt* von der schuldrechtlichen causa.

In all diesen Wirkungen ist das Nießbrauchsrecht – so jedenfalls das traditionelle Konzept – genau gegensätzlich zum rein obligatorischen Nutzungsrecht etwa der Miete, die „ihre Wirkungen ausschließlich zwischen den Mietparteien [entfalte]" und der „kein Element der Dinglichkeit inne[wohne]"[25].

---

21 *Ahrens*, Dingliche Nutzungsrechte, 2007, Kap. 2 Rn. 6.
22 *Strobel*, Jura 2017, 512; *Hauck*, Nießbrauch an Rechten, 2015, 21 f., 187 ff.; *Brehm/Berger*, Sachenrecht, 2014, § 1, Rn. 10, § 5, Rn. 7 ff.
23 Soergel-BGB/*Stadler*, 13. Aufl. 2007, Einl. Sachenrecht, Rn. 24; besonders kritisch *Füller*, Eigenständiges Sachenrecht, 2006, 107 f. (der Begriff der Dinglichkeit sei undefinierbar und aussagelos).
24 S. hierzu insbes. *Canaris*, in: FS Flume, 1978, 373 ff.; vgl. auch Staudinger/*Heinze*, 2018, Einleitung, Rn. 6 f.
25 *Haedicke*, Rechtskauf und Rechtsmängelhaftung, 2003, 90.

Mit dem derart beschriebenen Kontrast zwischen dinglichen und obligatorischen Rechten ließe sich die zweite These noch konkreter fassen: Möglicherweise begrenzt sich im modernen Wirtschaftsverkehr – insbesondere in der Sharing Economy – der Bedarf oder auch das Angebot auf den Erwerb bzw. die Verschaffung von „schwachen", rein obligatorischen Rechten. Ob die dinglich wirkenden Rechte dem Nutzenden „zu viel" verschaffen und deshalb in der Sharing Economy keine Bedeutung erlangen, soll im Folgenden untersucht werden.

IV. Dinglich wirkende Rechte in der Sharing Economy

Um die zweite These zu untersuchen, sollen die aufgeführten „dinglichen Wirkungen" jeweils genauer betrachtet und das Nießbrauchs- diesbezüglich mit dem obligatorischen Nutzungsrecht kontrastiert werden.

1. Absoluter Rechtsschutz

Der Nießbrauchberechtigte wird mit umfassenden Abwehr-, Unterlassungs- und Ersatzansprüchen ausgestattet. Weil jedermann die Nutzungszuweisung respektieren muss und im Falle eines Eingriffs in Anspruch genommen werden kann, wirkt das Nießbrauchsrecht *absolut*.[26] Explizit und unabdingbar ordnet § 1065 BGB den eigentumsgleichen Schutz an, sodass dem Nießbraucher insbesondere die negatorischen Ansprüche nach §§ 985, 1004 Abs. 1 BGB zustehen – mithin der entscheidende „Schutz der dinglichen Rechtsposition des Nießbrauchers bei einer vollständigen oder partiellen Verletzung seines Rechts."[27]

Im Verhältnis zum unberechtigten Besitzer kann der Nießbrauchberechtigte Ersatzansprüche nach §§ 1065, 987 ff. BGB geltend machen.[28] Sein Nutzungsrecht erfährt als „sonstiges Recht" den deliktsrechtlichen Schutz des § 823 Abs. 1 BGB, sodass er bei rechtswidrigen und schuldhaften Beeinträchtigungen (u.U. begrenzt durch §§ 1065, 987 ff. BGB) umfas-

---

[26] Die Absolutheit ergibt sich also aus dem grds. uneingeschränkten Kreis der potentiellen Verletzter, vgl. hierzu etwa *Bucher*, Das subjektive Recht, 132 ff.; *Füller*, Eigenständiges Sachenrecht, 2006, 53.

[27] BGH NJW 2016, 1953, 1954 Rn. 17; vgl. hierzu MüKo-BGB/*Pohlmann*, 8. Aufl. 2020, § 1065, Rn. 2 ff.

[28] Vgl. zu diesem „Nießbraucher-Besitzer-Verhältnis" *Wieling*, Sachenrecht Bd. 1, 2006, § 14 I 1 b; *Strobel*, Jura 2017, 512, 516.

sende Nutzungsschäden geltend machen kann.²⁹ Mit der Bestellung des Nießbrauchs erfolgt zudem die für das Bereicherungsrecht entscheidende ausschließliche Nutzungszuweisung, weshalb diese Position auch möglicher Gegenstand der Eingriffskondiktion sein kann.³⁰

Sobald also ein Dritter die fragliche Sache unrechtmäßig nutzt, kann der Nießbraucher diese Nutzung untersagen, die Sache herausverlangen, er kann eigene Nutzungsschäden geltend machen und den Gewinn beim unrechtmäßigen Nutzer abschöpfen. Diese auf die Nutzung bezogenen Ansprüche stehen allein dem Nießbraucher zu; auch wenn dem Eigentümer der Sache sein Vollrecht verbleibt, verliert er – wegen der Nießbrauchbestellung – den entsprechenden absolut wirkenden Schutz. Ihm bleiben mithin nur solche Ansprüche, die sich nicht auf die (überlassene) Nutzung, sondern auf die „verbliebenen Befugnisse, also auf die »Eigentumshülle« sowie die Sachsubstanz, beziehen"³¹.

Bei der Entscheidung, wie befristete Nutzungsrechte ausgestaltet werden sollen, könnte diese Einschränkung aus Anbieter- bzw. Eigentümersicht gegen den Nießbrauch sprechen. Allerdings wäre auch die obligatorische Nutzungsüberlassung für den Eigentümer nicht hilfreicher: Auch wenn etwa die Miete immer wieder als rein relatives Recht bezeichnet wird,³² erfährt sie nach ganz herrschender Meinung ebenfalls den dargestellten Schutz absoluter Anspruchsbewehrung. Allgemein wird dies – dogmatisch wenig überzeugend – mit der Kombination von *Besitz* und *Recht zum Besitz* begründet: Die faktische Besitzposition vermittele über die Abwehransprüche der §§ 861 f. BGB eine negative Ausschließungsbefugnis; das in § 986 Abs. 1 BGB angesprochene Besitzrecht weise Nutzungsbefugnisse positiv zu, sodass sich aus der Verbindung beider Elemente die absolute Wirkung ergebe.³³ Hat also der obligatorisch Nutzungsbe-

---

29 Staudinger/*Hager*, 2017, § 823, Rn. B 126, 128 ff.; MüKo-BGB/*Wagner*, 8. Aufl. 2020, § 823, Rn. 306, 309.

30 Jauernig/*Stadler*, BGB, 18. Aufl. 2021, § 812, Rn. 51.

31 *Strobel*, Jura 2017, 512, 517; Vgl. zum Nebeneinander der Ansprüche BGH NJW 2016, 1953, 1954 Rn. 14: Der Eigentümer hat „während des Bestehens des Nießbrauchs gegen Dritte eigene, aus seiner Eigentümerstellung folgende Ansprüche, die – wenn auch *mit gewissen Modifikationen* [...] – grundsätzlich neben denen des Nießbrauchers aus § 1065 BGB bestehen" (Hervorhebung durch den Verf.).

32 Vgl. etwa die Gegenüberstellung von (relativem) Miet- und (absolutem) Nießbrauchsrecht bei *Klinkhammer*, Besitz als Gegenstand des Bereicherungsanspruchs, 1997, 64 und *McGuire*, Die Lizenz, 2012, 145 f.

33 S. etwa *Medicus*, AcP 165, 1965, 115, 137 ff.; *Canaris*, in: FS Flume, 1978, 373, 392 ff.; MüKo-BGB/*Wagner*, 8. Aufl. 2020, § 823, Rn. 324 ff.

rechtigte auch den Sachbesitz inne, stehen ihm nach allgemein geteilter Ansicht ebenfalls die negatorischen Ansprüche, Schadensersatzansprüche und Kondiktionsansprüche zu. Und auch der Gegenschluss liegt nahe: Dem Eigentümer wären diese Ansprüche – bezogen auf das Nutzungsinteresse – zu versagen, obwohl „nur" ein obligatorisches Recht begründet wurde.[34] Folgt man dieser These, so bestünde hinsichtlich der absoluten Bewehrung zwischen Nießbrauch und Miete (jedenfalls bei besitzender Nutzung)[35] kein wesentlicher Unterschied, der die Irrelevanz des Mobiliarnießbrauchs erklären könnte.

2. Sukzessionsschutz

Ein deutlicherer Unterschied zeigt sich mit Blick auf den Sukzessionsschutz, also der Beständigkeit des abgeleiteten (Nutzungs-)Rechts im Falle der Verfügung über das Stammrecht.

Bestellt der Eigentümer zugunsten eines anderen ein Nießbrauchsrecht, so ist sein Stammrecht mit dem beschränkten dinglichen Recht belastet; die Nutzungsbefugnis wird gewissermaßen zugunsten des Nießbrauchberechtigten „abgespalten".[36] Zugleich bleibt er aber befugt, über sein Stammrecht zu verfügen. Der Erwerber erhält – vorbehaltlich eines gutgläubigen Erwerbs, § 936 BGB – das Eigentum jedoch mit der Belastung des Nießbrauchsrechts. Diese Sukzessionsfestigkeit trifft nicht nur letztlich den Erwerber, sondern beschränkt bereits den Veräußerer: Er kann sein Eigentum nicht so frei und flexibel verwerten, wie er dies u.U. gerne täte. So könnte er etwa als Anbieter von Gebrauchsgegenständen diese Assets – etwa im Rahmen einer Umstrukturierung oder einer Sicherungsübereignung[37] – nicht unbelastet veräußern. Der Schutz des Nutzungsrechtsinhabers geht mithin zulasten des Eigentümers, der in seiner Anlageentscheidung beschränkt wird.

Ein derartiger Sukzessionsschutz besteht bei obligatorischen Nutzungsrechten nicht; der Miet-, Pacht- oder Leasingvertrag wird geprägt durch den Grundsatz der Relativität: Das Eigentum ist unbelastet übertragbar,

---

34 In diese Richtung lässt sich etwa BGH NJW 2007, 216 verstehen (Ablehnung der Aktivlegitimation des (Sicherungs-)Eigentümers bzgl. einer Eingriffskondiktion).
35 Zu diesem Aspekt noch unter VI.
36 *Wilhelm*, Sachenrecht, 7. Aufl. 2021, Rn. 2, 113, 120, 1911; *Füller*, Eigenständiges Sachenrecht, 2006, 54; gegen den Abspaltungsgedanken *Hauck*, Nießbrauch an Rechten, 2015 87 ff., 114 ff.
37 S. zu diesem Aspekt auch noch unten bei Fn. 54.

wird etwa eine vermietete Sache vom Eigentümer veräußert, so bindet der Mietvertrag den Erwerber grundsätzlich nicht. Damit kann etwa ein Mietwagen-Anbieter seine PKW-Flotte veräußern, ohne dass der Erwerber auf diese Weise mietvertraglich gebunden würde.

Allerdings steht diese Feststellung unter einem nicht unwesentlichen Vorbehalt, denn auch bei Miete, Pacht, Leasing etc. besteht eine *gewisse* Sukzessionsfestigkeit. Zwar greift bei der Veräußerung beweglicher Sachen die Ausnahmevorschrift des § 566 BGB nicht,[38] sodass ein Mietverhältnis nicht auf den Erwerber übergeleitet würde. Allerdings ergibt sich eine nicht unerhebliche Bindung über § 986 Abs. 2 BGB.[39] Sofern etwa ein Mieter Besitz an der Sache hat, kann er im Falle der Veräußerung dem Neueigentümer sein Besitz- und auch sein Nutzungsrecht aus dem Mietvertrag entgegenhalten, obwohl der Erwerber nicht Vertragspartei wurde. Damit wird zwar das obligatorische (Nutzungs-)Recht nicht mit Sukzessionsfestigkeit im eigentlichen Sinne ausgestattet, weil aber der Nutzungsberechtigte mit dem *Besitz* das wesentliche Element der Eigentumsübertragung in Händen hält, wird er für den Fall der „übergabelosen" Verfügung geschützt.

Dieser Schutz ist jedoch in doppelter Weise eingeschränkt: Zum einen setzt § 986 Abs. 2 BGB den Fortbestand des Besitzes voraus, sodass der *noch nicht besitzende* Mieter genauso ungeschützt ist, wie derjenige, dessen Besitz (ggf. unfreiwillig) beendet wurde.[40] Zum anderen greift der Schutz gegenüber dem Erwerber nur solange, wie auch das Besitz- und Nutzungsrecht besteht; er knüpft also an das Bestehen des Schuldvertrags zwischen Mieter und Voreigentümer an. Dass dieser Vertrag gekündigt und das Nutzungsrecht damit beendet werden kann, bildet einen (u.U. wesentlichen) Unterschied zum Nießbrauchsrecht, auf den noch einzugehen sein wird.

---

38 S. hierzu *Streyl*, NZM 2010, 343, 344; *ders.*, in: Schmidt-Futterer, Mietrecht, 15. Aufl. 2022, § 566 BGB, Rn. 27.
39 *Schön* erkennt hierin einen dem heutigen § 566 BGB verwandten Sukzessionsschutz (*Schön*, JZ 2001, 119, 121).
40 *Canaris*, in: FS Flume, 1978, 373, 392 f.; *Dörner*, Dynamische Relativität, 91; Staudinger/*Thole*, 2019, § 986, Rn. 134.

3. Vollstreckungs- und Insolvenzfestigkeit

Die Dinglichkeit eines Rechts soll sich des Weiteren in seiner Vollstreckungs- und Insolvenzfestigkeit zeigen,[41] also in der Beständigkeit etwa des Nießbrauchsrechts, wenn gegen den Eigentümer die Einzelzwangsvollstreckung betrieben oder über sein Vermögen das Insolvenzverfahren eröffnet wird.

Räumt der Eigentümer an seiner Sache zugunsten eines anderen ein Nutzungsrecht ein und wird sodann gegen den Eigentümer in diese Sache vollstreckt, so hat der Nießbraucher – wegen seines dinglichen Rechts – die Ablösungsmöglichkeit des § 268 Abs. 1 S. 1 BGB. Er kann also die schuldnerische Forderung begleichen und Rückgriff beim Eigentümer nehmen, vor allem aber kann er so seine im Nießbrauch gründende Nutzungsmöglichkeit sichern.[42] Auch wenn dieser Schutz des S. 1 nicht dem nur obligatorisch Berechtigten zugutekommt, bestehen im praktischen Regelfall keine Nachteile für Mieter, Leasingnehmer etc.: Da ihre Nutzung in aller Regel mit dem Sachbesitz einhergeht, kommt ihnen nach S. 2 ebenfalls das beschriebene Ablösungsrecht zu.[43]

Ähnlichen Schutz erfahren Nutzungsberechtigte über die Drittwiderspruchsklage des § 771 Abs. 1 ZPO: Wird gegen den Eigentümer vollstreckt, kann sich der Nießbraucher gegen die Verwertung der von ihm genutzten Sache zur Wehr setzen. Da das dingliche Nutzungsrecht durch die Vollstreckung beeinträchtigt würde, begründet es das Widerspruchsrecht.[44] Ein derartiges Interventionsrecht steht jedoch nach herrschender Meinung auch dem besitzenden Mieter zu, wobei teilweise dogmatisch an den (berechtigten) Besitz und teilweise an das „Recht zum Besitz" angeknüpft wird.[45] Selbst wenn man sich – mit guten Gründen – in einer solchen Konstellation gegen die Annahme eines Interventionsrechts bei rein

---

41 Als „Prüfstein der Dinglichkeit" beschrieb etwa *Pflüger* den Konkurs und die Vollstreckung (*Pflüger*, AcP 79, 1892, 406, 414 ff.; *ders.*, AcP 83 1894, 352); s. auch *Jaeger*, Konkursrecht, 8. Aufl. 2014, 101; *Brinkmann*, Kreditsicherheiten an beweglichen Sachen und Forderungen, 2011, 229.
42 Vgl. MüKo-BGB/*Krüger*, 9. Aufl. 2022, § 268, Rn. 2: „Das Interesse an einer Erhaltung dieser Rechtspositionen rechtfertigt das Ablösungsrecht.".
43 Geschützt wird nach wohl hM nicht jeder, sondern allein der *berechtigte* Besitz (Staudinger/*Bittner*/*Kolbe* (2019), § 268, Rn. 8; a.A. BeckOK-BGB/*Lorenz*, 01.02.2022, § 268 Rn. 7).
44 MüKo-ZPO/*K. Schmidt*/*Brinkmann*, 6. Aufl. 2020, § 771, Rn. 37.
45 OLG Rostock, NZM 2005, 966; Zöller-ZPO/*Herget*, 34. Aufl. 2022, § 771, Rn. 14.5; Musielak/Voit-ZPO/*Lackmann*, 19. Aufl. 2022, § 771, Rn. 24.

obligatorischer Berechtigung ausspricht,[46] verbleibt dem besitzenden Mieter – wie auch dem Nießbrauchsberechtigten – der Schutz des § 809 ZPO: Unabhängig von der „Natur" seiner Berechtigung kann der Nutzer einer fremden Sache die Vollstreckung in diese aufgrund seines Gewahrsams zunächst verhindern. Die Stärke des dinglichen Rechts zeigt sich auch hier in seiner Beständigkeit: Die einzige Möglichkeit der Vollstreckung in die Sache liegt in der Pfändung des schuldnerischen Herausgabeanspruchs;[47] ein solcher Anspruch lässt sich beim Nießbrauch jedoch nicht ohne Weiteres (etwa durch Kündigung) herbeiführen.[48]

Die Klagemöglichkeit aus § 771 Abs. 1 ZPO spiegelt sich auch im Insolvenzverfahren wider: Dem Nießbraucher steht bei der Insolvenz des Eigentümers ein Aussonderungsrecht nach § 47 InsO zu, mit dem er geltend macht, dass sein im Nießbrauch gründendes Nutzungsrecht nicht zur Insolvenzmasse gehört. Er kann also nicht ganz allgemein die Verwertung der Sache verhindern – das (belastete) Eigentum steht der Masse zu –, allerdings ist das dingliche Nutzungsrecht insolvenzfest: Bestreitet, beeinträchtigt oder gefährdet der Insolvenzverwalter den Fortbestand des Nießbrauchsrechts, kann *dieses* ausgesondert werden.[49]

Zumindest im Ansatzpunkt ähnelt dieser Schutz dem des obligatorisch berechtigten Besitzers: Dieser kann, so die herrschende Sicht, wegen seines *Besitzes* aussonderungsberechtigt sein;[50] ob der Mieter, Leasingnehmer etc. jedoch auch auf Grundlage seines *obligatorischen Rechts* vom Insolvenzverwalter die Fortsetzung der Sachnutzung verlangen kann, ist keine Frage der Aussonderung, sondern richtet sich allein nach den §§ 103 ff. InsO.[51]

Das in § 103 Abs. 1 InsO normierte Wahlrecht des Insolvenzverwalters beschreibt dessen Möglichkeit, darüber zu entscheiden, ob er einen noch nicht vollständig erfüllten, gegenseitigen Vertrag – also etwa ein laufendes

---

46 Ausdrücklich und überzeugend gegen ein Interventionsrecht bei der Vollstreckung gegen den Sacheigentümer MüKo-ZPO/K. *Schmidt/Brinkmann*, 6. Aufl. 2020, § 771, Rn. 32, 39; vgl. auch *Stamm*, ZZP 124, 2011, 317, 331 f.
47 Vgl. hierzu etwa Musielak/Voit-ZPO/*Flockenhaus*, 19. Aufl. 2022, § 809, Rn. 5.
48 Zu diesem entscheidenden Unterschied zwischen dinglicher und obligatorischer Berechtigung noch sogleich.
49 K. Schmidt-InsO/*Thole*, 19. Aufl. 2016, § 47 Rn. 47; Uhlenbruck-InsO/*Brinkmann*, 15. Aufl. 2018, § 47, Rn. 55; für die Absonderung *Häsemeyer*, Insolvenzrecht, 4. Aufl. 2007, Rn. 11.12.
50 Vgl. hierzu MüKo-InsO/*Ganter*, 4. Aufl. 2019, § 47, Rn. 326 ff.
51 Uhlenbruck-InsO/*Brinkmann*, 15. Aufl. 2018, § 47, Rn. 124; KPB-InsO/*Prütting*, März 2022, § 47, Rn. 53; anders für den Fall des Leasings (unter Geltung der KO) *Canaris*, Bankvertragsrecht, 2. Aufl. 1981, Rn. 1786 ff.; *ders*, in: FS Flume, 1978, 373, 397.

Miet- oder Leasingverhältnis – fortführen möchte oder nicht. Die obligatorischen Nutzungsüberlassungsverträge sind typischer Gegenstand dieses Wahlrechts. Eine gewisse „Insolvenzfestigkeit" ergibt sich bei derartigen Verträgen zwar bei Immobilien aus § 108 Abs. 1 S. 1 InsO und auch bei beweglichen Sachen nach S. 2 – dort allerdings begrenzt auf den Fall des Finanzierungsleasings. Bei sonstigen Mobilien kann der Insolvenzverwalter hingegen das Vertragsverhältnis und damit das Recht zum Besitz sofort mit der Insolvenzeröffnung beenden, nach herrschender Meinung sogar unabhängig von allgemeinen Kündigungsvoraussetzungen oder -fristen,[52] und so die Sache „unbelastet" verwerten.

Auch hier zeigt sich der Faktor der *Beständigkeit* als der entscheidende Unterschied zum dinglichen Nießbrauchsrecht: Da dieses Recht durch eine einmalige, punktuelle Verfügung eingeräumt und die entsprechende schuldrechtliche Verpflichtung so vollständig erfüllt wurde, bleibt dem Nießbraucher das Nutzungsrecht insolvenzfest zugewiesen. Ein Wahlrecht des Verwalters nach § 103 Abs. 1 InsO besteht hinsichtlich des Fortbestands des Nießbrauchs nicht.[53]

Mit Blick auf die konkrete Situation eines Anbieters bzw. Eigentümers von Gebrauchsgegenständen drängt sich die Frage auf, warum diese Konsequenzen für ihn überhaupt von Interesse sein könnten – schließlich ergeben sich die Folgen nur im Falle der eigenen Insolvenz. Wichtig sind diese Aspekte wegen ihrer Vorwirkungen – konkret insbesondere wegen der Frage, ob und inwieweit das eigene Vermögen „vorinsolvenzlich" als Kreditsicherungsmittel genutzt werden kann.[54] Wenn klar ist, dass die fraglichen Vermögensgegenstände wegen des Nießbrauchsrechts im Falle der Zwangsvollstreckung bzw. im Insolvenzverfahren nicht unbelastet verwertbar sein werden, dann beeinträchtigt dies die zu erwartende Gläubigerbefriedigung und führt damit mutmaßlich im Vorfeld zu einer geringeren Bereitschaft zur Kreditvergabe.

---

52 Jaeger-InsO/*Jacoby*, § 103, Rn. 277 ff.; KPB-InsO/*Tintelnot*, März 2022, § 103, Rn. 299 ff.; MüKo-InsO/*Hoffmann*, 4. Aufl. 2019, § 108, Rn. 13; gegen die hM insbes. *v. Wilmowsky* NZI 2013, 377, 380 f.; *ders.*, ZInsO 2011, 1473, 1477 ff.
53 Jaeger-InsO/*Jacoby*, 2. Aufl. 2021, § 108, Rn. 81; s. zu Unklarheiten in der Rechtslage HK-InsO/*Marotzke*, 10. Aufl. 2020, § 108, Rn. 87.
54 Diese Folge ergibt sich auch aus dem zuvor beschriebenen Aspekt des Sukzessionsschutzes: Wegen der dinglichen Belastung des Nießbrauchs kann der Anbieter seine Sache nicht sinnvoll als Kreditsicherungsmittel (insbes. im Wege der Sicherungsübereignung) nutzen.

4. Abstraktionsprinzip

Das zuletzt angesprochene Zusammentreffen von Verfügung und Verpflichtung leitet zum letzten „typisch dinglichen" Aspekt des Nießbrauchs, dem Abstraktionsprinzip: Die Einräumung des Nießbrauchrechts durch Verfügung ist in ihrem Bestand unabhängig vom zugrundeliegenden, schuldrechtlichen Kausalverhältnis. Diese *causa* für die Rechtseinräumung ist in aller Regel ein punktuelles Schuldverhältnis, das zu einem einmaligen Leistungsaustausch führen soll, etwa zum Erwerb des Nutzungsrechts gegen eine einmalige Geldzahlung. Allerdings sind auch andere Ausgestaltungen auf schuldrechtlicher Ebene denkbar, durch die die gesetzlich angeordneten Rechte und Pflichten von Eigentümer und Nießbraucher (zumindest in Teilen)[55] modifiziert werden können.

Insbesondere bzgl. derartiger Modifikationen kann das Abstraktionsprinzip u.U. den Interessen des Anbieters bzw. Eigentümers eines Gebrauchsgegenstandes entgegenstehen: Sollte das schuldrechtliche Kausalverhältnis unwirksam sein, so entfallen auch die hierin getroffenen Abreden, durch die das Innenverhältnis abweichend vom Gesetz gestaltet wurde; das Nießbrauchsrecht bliebe hiervon hingegen in seinem Bestand unberührt. Der Nießbraucher bleibt (bis zu einer etwaigen Kondiktion) zumindest zunächst besitz- und nutzungsberechtigt. Zugleich würden die Parteien auf das gesetzliche Schuldverhältnis „zurückfallen",[56] dessen Inhalt insbesondere der Eigentümer so nicht gewollt hatte.

Diese Konsequenzen ergeben sich nicht, wenn eine rein schuldrechtliche Ausgestaltung gewählt wird. Das obligatorische Nutzungsrecht – etwa des Mieters – ist zwingend und unmittelbar vom Bestand des Mietvertrages abhängig. Sollte dieser Schuldvertrag, der die entscheidenden Besitz- und Nutzungsbefugnisse „gleich selbst bereit stellt"[57], unwirksam sein, entfallen nicht nur die verschiedenen Regelungen zum Innenverhältnis, sondern auch das Nutzungsrecht des Mieters. Die Parteien fallen – anders als beim Nießbrauch – auf das Eigentümer-Besitzer-Verhältnis zurück,

---

55 Näher hierzu sogleich.
56 Vgl. zu diesem „besonderen gesetzlichen Schuldverhältnis" (BGH NJW 2016, 1953, 1955 Rn. 19) *Hauck*, Nießbrauch an Rechten, 2015, 250 ff.
57 *Schmidt-Kessel*, in: GJZ, Privatrecht 2050, 2020, 9, 18 (mit dem Hinweis darauf, wie bemerkenswert wenig Gedanken sich „ausgerechnet die Rechtsordnung des Abstraktionsprinzips – nach dem Bedeutungsverlust des Nießbrauchs – [...] darüber gemacht hat, wie mit Verträgen umzugehen ist, bei denen der Vertrag die Befugnis des Rechts zum Besitz gleich selbst bereit stellt, also nicht einmal eine Trennung gegeben ist.").

sodass der Mieter „unberechtigter Besitzer" ist. Die oben beschriebenen Schutzmechanismen – insbesondere die absoluten Schutz- und Ersatzansprüche – greifen dann nicht mehr zu seinen Gunsten, vielmehr ist allein der Eigentümer umfänglich geschützt. Aus dessen Perspektive wird der Vorzug dieser Gestaltungsform sehr deutlich: Entweder der Schuldvertrag besteht so, wie es gewollt war, sodass der Anbieter der Sache seine Interessen geschützt sieht. Oder aber der Vertrag ist unwirksam; dann bleibt der Eigentümer allerdings zumindest Inhaber seiner uneingeschränkten dinglichen Rechtsposition.

V. Notwendige Gestaltungsfreiheit in der Sharing Economy

Mit Blick auf die „typisch dinglichen Wirkungen" haben sich also gewisse Unterschiede zwischen Nießbrauch und Miete ausmachen lassen, die zumindest in Teilen eine Erklärung für die Irrelevanz des Mobiliarnießbrauchs geben können. Auf einen weiteren, u.U. entscheidenden Grund soll mit der letzten These eingegangen werden: Vielleicht ist der Nießbrauch an beweglichen Sachen in der modernen Nutzungsökonomie irrelevant, weil diese Gestaltungsform zu unflexibel ist.

Der Nießbrauch gehört immerhin dem begrenzten Kreis der dinglichen Rechte an und unterliegt als solches Recht dem Typenzwang.[58] Die gesetzlichen Bestimmungen zum Nießbrauch und zum Schuldverhältnis zwischen Eigentümer und Nutzungsberechtigtem sind zwar teilweise dispositiv, der *Wesenskern* des Nießbrauchs ist jedoch nicht gestaltbar.[59] Mit dieser Feststellung rückt die Frage in den Fokus, wo dieser nicht-dispositive Wesenskern des Nießbrauchs liegt; sie soll abschließend an drei Aspekten konkretisiert werden, die für die Praxis problematisch sein könnten: hinsichtlich der Gestaltung des Umfangs des Nutzungsrechts, der Entgeltlichkeit und der Regelung von Befristung und Beendigung.

---

58 *Schön*, Der Nießbrauch an Sachen, 1992, 241 ff.
59 Umfassend zur privatautonomen Gestaltbarkeit *Schön*, Der Nießbrauch an Sachen, 1992, 241 ff.; vgl. auch BGH, Urt. v. 21.1.2022 – V ZR 233/30 Rn. 12; MüKo-BGB/*Pohlmann*, 8. Aufl. 2020, § 1030, Rn. 22 ff.; *Trömer*, RNotZ 2016, 421, 422 ff.

1. Umfang der Nutzungsberechtigung

Der Nießbrauch berechtigt als „umfassendes Nutzungsrecht"[60] dem Grunde nach zu allen Arten des Gebrauchs und der Fruchtziehung,[61] etwa auch durch Vermietung der Sache an einen Dritten (vgl. § 1059 S. 2 BGB).

Zwar können *einzelne Formen* der Nutzung negativ ausgeschlossen und das Nießbrauchsrecht so gem. § 1030 Abs. 2 BGB beschränkt werden; es widerspricht allerdings nach herrschender Meinung dem „Wesenskern des Nießbrauchs", wenn dieser positiv auf eine einzelne, konkrete Nutzungsform begrenzt würde.[62] Eine derartige Vorgabe wäre zwar als beschränkte persönliche Dienstbarkeit möglich (§ 1090 BGB); ein solches Recht kann jedoch nicht an Mobilien bestellt werden.

Soll also eine bewegliche Sache ausschließlich zu einer ganz konkreten Art der Nutzung weitergegeben werden, entspricht dies dem Bild der Miete und nicht dem des Nießbrauchs.[63] Gerade dies könnte die praktische Irrelevanz des Nießbrauchs (mit) erklären: Insbesondere auch die Entwicklung der Sharing Economy zeigt, dass ein Gebrauchsgegenstand gewöhnlich zu einem ganz konkreten Zweck eingesetzt werden und die Rechtseinräumung sich deshalb auf diesen Zweck begrenzen soll.[64]

Die „umfassende" Nutzungsbefugnis des Nießbrauchers ist allerdings nicht zwingend. Zum einen ist es nach wohl herrschender Sicht möglich, bei der Begründung des Rechts bestimmte Nutzungsformen explizit aufzuzählen und gem. § 1030 Abs. 2 BGB auszuschließen, „auch wenn dem Nießbraucher damit faktisch nur noch eine einzige Nutzungsmöglichkeit verbleibt"[65]. Und zum anderen legt das Gesetz fest, dass der Nießbraucher die Sache nur gemäß der bisherigen wirtschaftlichen Bestimmung und nach den Regeln einer ordnungsmäßigen Wirtschaft nutzen darf (§ 1036

---

60 BGHZ 225, 136 = DNotZ 2021, 37 Rn. 11 ff.; *Prütting*, Sachenrecht, 2020, Rn. 896; ähnlich *Ahrens*, Dingliche Nutzungsrechte, 2007, Kap. 2 Rn. 7, 33.
61 BGHZ 225, 136 = DNotZ 2021, 37 Rn. 17 ff.; Staudinger/*Heinze*, 2017, § 1030, Rn. 49 ff.
62 *Wieling*, Sachenrecht Bd. 1, 2006, § 14 I 1 a).
63 „[S]oll der Berechtigte nur bestimmte Nutzungen ziehen dürfen, so kommt nur ein Miet- oder Pachtvertrag in Betracht", *Wieling*, Sachenrecht Bd. 1, 2006, § 14 I 1 a).
64 Vgl. auch die Einschätzung bei *Ahrens*, Dingliche Nutzungsrechte, 2. Aufl. 2007, Kap. 2 Rn. 6.
65 *Hauck*, Nießbrauch an Rechten, 2015, 334; s. auch MüKo-BGB/*Pohlmann*, 8. Aufl. 2020, § 1030, Rn. 123; Staudinger/*Heinze*, 2017, § 1030, Rn. 55; etwas anders, mit besonderem Blick auch auf die dem Eigentümer verbleibende Nutzungsbefugnis *Schön*, Der Nießbrauch an Sachen, 1992, 301 ff.

Abs. 2 BGB).⁶⁶ Insbesondere bei Gebrauchsgütern ließe sich argumentieren, dass die konkrete Form der Nutzung durch die wirtschaftliche Bestimmung und die Ordnungsmäßigkeit des Gebrauchs sehr eingeschränkt ist: Wenn etwa ein eScooter zum temporären Gebrauch überlassen wird, dann ließen sich zwar theoretisch unterschiedliche Arten denken, wie dieser „umfunktioniert" werden könnte; eine Nutzung im Rahmen der „wirtschaftlichen Bestimmung" und der „ordnungsmäßigen Wirtschaft" wird sich aber auf eine ganz bestimmte Art und Weise begrenzen, sodass auch das Nutzungsrecht tatsächlich auf diese Nutzungsform begrenzt ist. Es ließe sich dann zwar nicht mit dinglicher Wirkung festlegen, dass der eScooter etwa nur innerhalb eines bestimmten Gebietes genutzt werden darf; aber die Begrenzung auf den Gebrauch zur verkehrsüblichen Fortbewegung dürfte möglich sein.

2. Mögliche Entgeltlichkeit der Nutzung

Da sich die Sharing Economy vor allem auf den *entgeltlichen* Erwerb temporärer Nutzungsrechte konzentriert, stellt sich zudem die Frage, ob die zeitweise Nutzung mit laufenden Zahlungspflichten verbunden werden kann.

Inwiefern der Nießbrauch mit einer derartigen periodisch neu entstehenden Entgeltzahlungspflicht ausgestaltet werden kann, ist umstritten. Vergleichsweise unproblematisch ist die Möglichkeit, im schuldrechtlichen Kausalverhältnis eine weitgehend frei gestaltbare Entgeltvereinbarung zu treffen – und zwar sowohl einmalig und punktuell als auch als laufende Zahlungspflicht.⁶⁷ Umstritten ist jedoch die Verknüpfung dieser Zinsabrede mit der dinglichen Ebene: Zum Teil wird diesbezüglich vertreten, der Nießbrauch selbst lasse sich entgeltlich ausgestalten, indem das gesetzliche Schuldverhältnis mit einer (ggf. laufenden) Zahlungspflicht versehen werden könne.⁶⁸ Die herrschende Sichtweise geht hingegen davon aus, dass eine solche Vereinbarung zur Entgeltzahlung nur im schuldvertraglichen Verhältnis wirkt, das dinglich begründete Nutzungsrecht

---

66 Vgl. zu diesen „Kernbegriffen" des Nießbrauchsrechts *Schön*, Der Nießbrauch an Sachen, 1992 51 ff.; vgl. auch MüKo-BGB/*Pohlmann*, 8. Aufl., § 1036, Rn. 10 ff.
67 BGH, Urt. v. 21.1.2022 – V ZR 233/30 Rn. 11; *Schön*, Der Nießbrauch an Sachen, 1992 348 ff.; MüKo-BGB/*Pohlmann*, 8. Aufl. 2020, § 1036, Rn. 18, 139, 144; BeckOK-BGB/*Reischl*, 01.02.2022, § 1030, Rn. 20, 35, 44.
68 BayObLGZ 1979, 273, 277 ff.; *Schöner/Stöber*, Grundbuchrecht, 16. Aufl., Rn. 1379; wohl auch *Hauck*, Nießbrauch an Rechten, 2015, 234 f.

jedoch davon unberührt bleibt.[69] Kommt es also bspw. zu einer absprachewidrigen Zahlungseinstellung, so würde dies zwar eine schuldrechtliche Pflichtverletzung des Nutzers darstellen, sein durch die Verfügung erlangtes Nutzungsrecht bliebe hiervon allerdings grundsätzlich unberührt. Hierin könnte ein wichtiger Faktor liegen, der aus Anbietersicht eine derartige Gestaltung unattraktiv machen würde.

Allerdings gibt es durchaus eine Gestaltungsform, die eine dingliche Absicherung der laufenden Entgeltzahlungspflicht ermöglicht: Die Möglichkeit, das Nießbrauchsrecht unter eine dinglich wirkende Bedingung – etwa die Bedingung ordnungsgemäßer Entgeltzahlung – zu stellen.[70]

3. Befristung und Beendigung des Nutzungsrechts

Das Thema der Entgeltlichkeit des Nießbrauchs wirft die Folgefrage auf, wie der Eigentümer reagieren kann, wenn der Nutzer seinen laufenden Zahlungspflichten nicht nachkommt. Damit rückt noch allgemeiner der letzte und ggf. entscheidende Aspekt in den Fokus: die Frage nach der Befristungs- und Beendigungsmöglichkeit des Nutzungsrechts.

Hier ließe sich vermuten, dass die Praxis den Mobiliarnießbrauch deshalb nicht nutzt, weil ein immenses Interesse des Eigentümers besteht, das Nutzungsrecht des anderen relativ frei und flexibel beenden zu können. Ein solches Interesse dürfte insbesondere bestehen, wenn der Vertragspartner seine Pflichten verletzt, evtl. aber auch aus sonstigen Gründen.

Nach der gesetzlichen Konzeption kann der Nießbrauch grundsätzlich nicht durch eine nachträgliche Entscheidung des Eigentümers beendet werden. Die dingliche Belastung erlischt grds. erst mit dem Tod bzw. mit dem Erlöschen des Nießbrauchers (§ 1061 BGB). Eine rechtsgeschäftliche Aufhebung des Nießbrauchsrechts ist zwar möglich – dies allerdings nur durch den Nießbraucher selbst (§ 1064 BGB). Eine wie auch immer geartete Möglichkeit der „Kündigung" des Nießbrauchs steht dem Eigentümer oder Besteller hingegen nicht zu. Sogar die außerordentliche Kündigung des dinglichen Rechts ist nach herrschender Meinung nicht möglich.[71] Dies stellte jüngst auch der BGH klar: „Der Nießbrauch ist als dingliches

---

69 Umfassend hierzu *Schön*, Der Nießbrauch an Sachen, 1992, 327 ff., 339 ff.; s. auch MüKo-BGB/*Pohlmann*, 8. Aufl. 2020, § 1030, Rn. 139; Staudinger/*Heinze*, 2017, § 1030, Rn. 62; *Trömer*, RNotZ 2016, 421, 428.
70 Näher hierzu im Folgenden.
71 S. auch *Hauck*, Nießbrauch an Rechten, 2015, 235 ff.; Staudinger/*Heinze*, 2021, § 1030, Rn. 58.

Recht einer Kündigung durch den Eigentümer nicht zugänglich. Bei dem Nießbrauch handelt es sich um kein Dauerschuldverhältnis, das nach § 314 BGB beendet werden könnte."[72] Allerdings sei es möglich, das schuldrechtliche Kausalverhältnis aus wichtigem Grund zu kündigen, wenn dieses als Dauerschuldverhältnis ausgestaltet ist.[73] Folge wäre dann aber nicht das Erlöschen des Nießbrauchs, sondern die Notwendigkeit der Aufhebung oder Rückübertragung.[74] Selbst wenn der Nießbraucher die Sache in einer ihm nicht zustehenden Weise gebraucht, wenn er Übermaßfrüchte zieht, die Sache umgestaltet oder gar beschädigt, folgt daraus nicht die (Möglichkeit zur) Beendigung des Nießbrauchsrechts; der Nießbraucher sieht sich lediglich Unterlassungs- und Ersatzansprüchen ausgesetzt.[75]

Dieses gesetzliche Konzept könnte dagegensprechen, die Gestaltungsform des Nießbrauchs in die Praxis zu übernehmen: Geht man davon aus, dass das Nießbrauchsrecht einmalig eingeräumt wird, grundsätzlich auf die Lebenszeit des Nutzers angelegt ist und zwischenzeitlich nicht oder nur sehr schwierig beendet werden kann, widerspricht diese langfristige, unflexible Bindung dem Grundkonzept der Sharing Economy. Deutlich wird dies etwa am Beispiel der sogenannten „kill switch".[76] Der Begriff beschreibt die immer stärker verbreitete Möglichkeit des Anbieters, den von ihm überlassenen Gebrauchsgegenstand mittels Fernkontrolle stillzulegen. Er kann so – etwa, wenn Entgeltzahlungen ausbleiben – die weitere Nutzung der Sache unmöglich machen. Eine solche Form der „Selbstvollstreckung" ist, wenn überhaupt,[77] nur dann zulässig, wenn zuvor das Gebrauchsrecht des Nutzers beendet wurde. Da das Nießbrauchsrecht – anders als das obligatorische Nutzungsrecht – grundsätzlich nicht durch Kündigung beendet werden kann, dürfte das beschriebene Vorgehen beim

---

72 BGH, Urt. v. 21.1.2022 – V ZR 233/30 Rn. 7; zwar ging es hier – wie regelmäßig – um Immobiliarnießbrauch; die Aussagen sind jedoch wohl allgemein zu verstehen.
73 BGH, Urt. v. 21.1.2022 – V ZR 233/30 Rn. 16 ff.
74 Ebd., Rn. 18; vgl. hierzu auch *Schön*, Der Nießbrauch an Sachen,1992, 369; *Hauck*, Nießbrauch an Rechten, 2015, 235 ff.; Staudinger/*Heinze*, 2021, § 1030 Rn. 58.
75 MüKo-BGB/*Pohlmann*, 8. Aufl. 2020, § 1036, Rn. 18, § 1039, Rn. 4 ff., § 1041, Rn. 10, § 1042, Rn. 6; vgl. hierzu auch BGH, Urt. v. 21.1.2022 – V ZR 233/30 Rn. 13.
76 *Magnus*, Fernkontrolle im Internet der Dinge, 2022, 43, 218 ff.
77 Problematisch ist hierbei nicht die Beeinträchtigung des (beendeten) Nutzungsrechts, sondern die etwaige verbotene Eigenmacht; s. hierzu *Magnus*, Fernkontrolle im Internet der Dinge, 2022 43, 218 ff.; *Riehm*, in: Fries/Paal, Smart Contracts, 2019, 85 ff.; *Regenfus*, JZ 2018, 79; *Casper/Grimpe*, ZIP 2022, 661 ff.

Nießbrauch nicht möglich und seine Verwendung deshalb unattraktiv sein.

Allerdings ist der Nießbrauch durchaus abweichend von dem dargestellten gesetzlichen Grundkonzept gestaltbar, nämlich im Moment der Verfügung: Die Rechtseinräumung geht stets mit einer *dinglichen Einigung* einher (vgl. § 1032 S. 1 BGB), die – mangels einer dem § 925 Abs. 2 BGB entsprechenden Regelung – auch unter eine auflösende Bedingung (§ 158 Abs. 2 BGB) oder Befristung (§§ 163, 158 Abs. 2 BGB) gestellt werden kann.[78] Über die Nutzung dieser Gestaltungsmöglichkeiten kann das Nießbrauchsrecht auch für nur sehr kurze Zeitintervalle verschafft werden. Es kann aber insbesondere auch mit der (schuldrechtlichen) Pflicht des Nutzers zur laufenden Entgeltzahlung verbunden werden: Das Nießbrauchsrecht lässt sich unter eine auflösende Bedingung stellen, nach der die dingliche Einigung und damit das dingliche Recht endet, wenn der Nießbraucher etwa mit mehr als zwei periodisch zu entrichtenden Zahlungen in Verzug gerät und die Gegenseite daraufhin eine „Beendigungserklärung" abgibt.[79]

VI. Fazit

Die Frage, ob der Mobiliarnießbrauch für die moderne Ökonomie des Nutzens als Gestaltungsform „zu dinglich" oder zu unflexibel ist, lässt sich nicht einheitlich beantworten: So sind die Unterschiede zwischen diesem dinglichen und den obligatorischen Nutzungsrechten zum Teil eher gering – etwa hinsichtlich der absoluten Anspruchsbewehrung oder auch bzgl. des Sukzessions- und Vollstreckungsschutzes. Allerdings steht diese Feststellung unter einem nicht unwesentlichen Vorbehalt: Der sehr weitgehende Schutz des nur obligatorisch Berechtigten, etwa des Mieters, wird von der herrschenden Meinung nur dann gewährt, wenn eine Kombination von Besitz und obligatorischem Recht vorliegt. Der nichtbesitzende Mieter erfährt deutlich geringeren Schutz.

Nun ist der Regelfall – auch in der Sharing Economy – die *besitzende* Nutzung: Der typische Mieter muss die Sache in den Händen halten, um

---

78 *Schön*, Der Nießbrauch an Sachen, 1992, 339; Staudinger/*Heinze*, 2021, § 1032, Rn. 1; *Strobel*, Jura 2017, 512, 514; so jüngst auch BGH, Urt. v. 21.1.2022 – V ZR 233/30 Rn. 7.

79 S. etwa *Schön*, Der Nießbrauch an Sachen, 1992, 339; *Tromer*, RNotZ 2016, 421, 428; Staudinger/*Heinze*, 2021, § 1030, Rn. 58, 62; MüKo-BGB/*Pohlmann*, 8. Aufl. 2020, § 1030, Rn. 143 f.; BGH, Urt. v. 21.1.2022 – V ZR 233/30 Rn. 7.

sie vertragsgemäß und sinnvoll einsetzen zu können.[80] Allerdings gewinnt die besitz*lose* Nutzung – die auch anlässlich der jüngsten Schuldrechtsreform in den Blick genommen wurde[81] – immer stärker an Bedeutung. Zu denken ist etwa an den „Fernzugriff" durch den Nutzer auf fremde Güter wie beim Cloudcomputing, der *ohne* Besitz auskommt. Da hier eine absolute Bewehrung bei rein obligatorischer Berechtigung nach herrschender Meinung mangels Besitz ausscheidet, ließe sich ein entsprechender Schutz allein durch die Einräumung des Nießbrauchs herstellen. Geht man allerdings (ungeachtet derartiger Entwicklungen) mit der praktisch unbestrittenen Sicht davon aus, dass der Sachnießbrauch zwingend und unabdingbar mit dem Besitzrecht einhergehen muss,[82] wäre bei derartigen Nutzungsformen eine dingliche Ausgestaltung jedoch ausgeschlossen.

Noch deutlichere Unterschiede zwischen obligatorischer und dinglicher Nutzungsberechtigung zeigen sich bei der Insolvenzfestigkeit des Rechts und beim Aspekt der Abstraktion von Nutzungsrecht und Schuldvertrag. Insbesondere die *Beständigkeit* des Nießbrauchs spricht aus Anbietersicht gegen eine derartige Gestaltungsform.

Bezüglich der Frage, ob das Nießbrauchsrecht zu unflexibel für die Praxis ist, zeigt sich, dass das dingliche Nutzungsrecht zwar im Grundsatz nicht leicht begrenzbar, dass aber eine Gestaltung durchaus möglich ist: Der Umfang des Nutzungsrechts ist grundsätzlich nicht auf einzelne Gebrauchsformen beschränkbar; insbesondere bei Gebrauchsgütern wird jedoch allein eine einzige konkrete Nutzungsform der ordnungsgemäßen Wirtschaft und der wirtschaftlichen Bestimmung entsprechen. Laufende Entgeltzahlungsplichten lassen sich zwar nicht auf dinglicher Ebene implementieren, allerdings können (unproblematisch mögliche) schuldrechtliche Zahlungspflichten durch Bedingungen mit der dinglichen Ebene verbunden werden. Das dingliche Recht ist zwar nicht im eigentlichen Sinne kündbar; durch eine entsprechende Gestaltung der dinglichen Einigung im Rahmen der Verfügung ist eine kündigungsähnliche Wirkung jedoch möglich.

Diese Feststellungen können sicherlich nicht abschließend erklären, warum die Praxis den Mobiliarnießbrauch so sehr verschmäht und prak-

---

80 Vgl. bereits *Savigny*, Das Recht zum Besitz, 7. Aufl., § 45, 473: Der Sachgebrauch sei „immer mit dem natürlichen Besitz der Sache selbst verbunden".
81 RegE BT-Drs. 19/27653, 84: „Eine besondere Stellung nehmen Verträge ein, welche die Gebrauchsüberlassung […] zum Gegenstand haben, ohne dass der Mieter Besitz […] erlangt.".
82 Staudinger/*Heinze*, 2021, § 1036, Rn. 3; MüKo-BGB/*Pohlmann*, 8. Aufl. 2020, § 1036, Rn. 8; *Schön*, Der Nießbrauch an Sachen, 1992, 105 ff.

tisch ausnahmslos auf die Gestaltungsform der obligatorischen Rechte zurückgreift. Unter Umständen bieten diese Gedanken aber einen ersten Ansatzpunkt für eine mögliche Erklärung und haben gezeigt, dass eine flexible Ausgestaltung des Nießbrauchsrechts nicht unmöglich ist, dass die Nutzung des dinglichen Rechts (insbesondere aus Nutzerperspektive) ggf. sogar sinnvoll sein und zumindest im Ansatz auch eine mögliche Form der Sharing Economy und der temporären Nutzung fremder Güter sein kann.

Nichts Halbes und nichts Ganzes? – Zu Gestaltungen von Teilverkäufen[1]

Leif Böttcher

I. Worum es geht

Worum geht es? Stellen wir uns die Eheleute V vor, beide Rentner Ende 70, kinderlos und Eigentümer eines schönen Einfamilienhauses in der Voreifel. Das Haus ist noch nicht ganz abbezahlt, die Restschuld gegenüber der Bank beträgt noch rund 50.000 EUR. Die Rente, die die Eheleute V erhalten, ist sehr überschaubar. Vielleicht sind die Eheleute V noch sehr rüstig und abenteuerlustig und wollen noch neue Länder und Kontinente entdecken. Vielleicht ist auch das Gegenteil der Fall, und sie merken, wie sprichwörtlich der Zahn der Zeit an ihnen nagt, die Wehwehchen mehr werden und es deshalb an der Zeit ist, „altersgerecht" zu wohnen. Vielleicht möchten sie aber auch nur im Alltag „flüssiger" sein und ab und an in einem schönen Restaurant essen gehen. Eines steht für die Eheleute V aber im Vordergrund: Auf keinen Fall wollen sie aus ihrem Haus ausziehen, ihre vertraute Umgebung verlassen oder gar „ins Heim".

Wie können die Eheleute V diese Wünsche umsetzen? Am einfachsten wäre sicherlich die Aufnahme eines Kredits, der durch eine Grundschuld abgesichert wird. Spätestens seit 2016 ist dies für betagte Kreditnehmer aber nicht mehr so einfach wie früher. Grund hierfür ist die Wohnimmobilienkreditrichtlinie, genauer gesagt: deren Umsetzung in deutsches Recht. Gemäß § 505b Abs. 2 BGB hat bei Immobiliar-Verbraucherdarlehensverträgen der Darlehensgeber die Kreditwürdigkeit des Darlehensnehmers auf der Grundlage notwendiger, ausreichender und angemessener Informationen zu Einkommen, Ausgaben sowie anderen finanziellen und wirtschaftlichen Umständen des Darlehensnehmers eingehend zu prüfen. Dabei hat der Darlehensgeber die Faktoren angemessen zu berücksichtigen, die für die Einschätzung relevant sind ob der Darlehensnehmer seinen Verpflichtungen aus dem Darlehensvertrag voraussichtlich nachkom-

---

[1] Das Manuskript beruht auf einem Vortrag, den der Autor am 19. Mai 2022 anlässlich eines Symposiums des Rheinischen Instituts für Notarrecht, Bonn, gehalten hat. Die Vortragsform wurde beibehalten.

men kann.² Die Kreditwürdigkeitsprüfung darf sich nicht hauptsächlich darauf stützen, dass der Wert der Wohnimmobilie den Darlehensbetrag übersteigt, oder auf die Annahme, dass der Wert der Wohnimmobilie zunimmt, es sei denn, der Darlehensvertrag dient zum Bau oder zur Renovierung der Wohnimmobilie.³ Bei Rentnern, die häufig nur über geringe Bezüge verfügen, führt diese Prüfung im Regelfall dazu, dass ein Kredit nicht bewilligt werden kann. Es müssen also andere Gestaltungen gefunden werden, die wenigstens wirtschaftlich den Zielen der Eheleute Rechnung tragen.

II. Anerkannte Gestaltungsmöglichkeiten der Praxis

Mit dem Leibrentenvertrag gibt es bereits seit Jahrzehnten eine Gestaltung, die immerhin einen Teil der Bedürfnisse der Eheleute V befriedigen könnte. Dabei wird der Kaufpreis als Gegenleistung für die Veräußerung der Immobilie nicht in einer Summe, sondern in Teilbeträgen gezahlt.⁴ Die Rentenzahlungen sind lebenslang zu erbringen, sie können entweder gleichbleibend hoch sein oder indexiert werden.⁵ Aufgrund der langen Laufzeit des Vertrags wird die Höhe der Zahlungsverpflichtungen üblicherweise durch eine Wertsicherungsvereinbarung den Änderungen der Kaufkraft angepasst (sog. Wertsicherungsklausel, § 3 PrKlG).⁶ Maßgebliche Faktoren für die Höhe der Rentenzahlungen sind zum einen der Wert der Immobilie und zum anderen das Alter des Veräußerers und damit seine Lebenserwartung (Sterbetafel des Statistischen Bundesamts). Typisch für diese Art der Gestaltung ist das spekulative Element: Bei Abschluss des Rechtsgeschäfts wissen weder Verkäufer noch Käufer, wer von ihnen „das bessere" Geschäft macht: Lebt der Verkäufer nur kurz, hat der Käufer ein gutes Geschäft gemacht; „schlägt" der Käufer die Sterbetafel, hat er das bessere Geschäft gemacht.⁷ Im Hinblick auf die rechtliche Gestaltung gilt: Beim Leibrentenvertrag veräußert der Verkäufer im Regelfall den gesamten Grundbesitz. Gesichert wird die vereinbarte lebenslange Rente durch eine Reallast (§ 1105 BGB) zugunsten des Verkäufers. Sie sichert bei einer Rente mit Wertsicherung deren jeweilige Höhe, da die Geldleistung nur

---

2 Dazu ausführlich MüKo-BGB/*Schürnbrand/Weber*, § 506b, Rn. 6 ff. m.w.N.
3 Dazu genauer BeckOK-BGB/*Möller*, 01.05.2022, § 505b, Rn. 3-5 m.w.N.
4 Vgl. *Böhringer*, BWNotZ 2022, 13.
5 *Böhringer*, BWNotZ 2022, 13.
6 *Böhringer*, BWNotZ 2022, 13.
7 *Böhringer*, BWNotZ 2022, 14; Schöner/Stöber, Grundbuchrecht, 2020, Rn. 3237.

bestimmbar sein muss (§ 1105 Abs. 1 BGB).[8] Ferner muss sich der Veräußerer die Weiternutzung vertraglich vorbehalten, wobei sich entweder ein Nießbrauch (§ 1030 BGB) oder ein Wohnungsrecht (§ 1093 BGB) anbietet und durch Eintragung im Grundbuch zu sichern ist.[9] Mit der Immobilienveräußerung auf Leibrentenbasis verliert der Veräußerer also sein Eigentum an der Immobilie vollständig.

III. Besonderheiten des „Teilverkaufs"

1. Überblick

Teilverkäufe haben mit Leibrentenverträgen gemeinsam, dass der Veräußerer in der Immobilie wohnen bleiben kann und nicht sicher vorhersehbar ist, wie lange der Vertrag laufen wird. Der entscheidende Unterschied ist jedoch rechtlich, dass der Veräußerer nicht die gesamte Immobilie veräußert, sondern nur einen Teil – im Regelfall maximal 50 %.[10] Veräußerer und Erwerber werden also Miteigentümer. Auch wirtschaftlich gibt es erhebliche Unterschiede: So erhält der Veräußerer keine lebenslange Rente, sondern den gesamten Betrag als Kaufpreis auf einmal. Lebenslang muss vielmehr der Veräußerer zahlen, nämlich für die Möglichkeit, den veräußerten ideellen Teil der Immobilie weiter allein zu nutzen. Aber im Einzelnen:

Schauen wir uns zunächst die einzelnen rechtlichen Aspekte einer solchen Vereinbarung an, bevor wir zu den wirtschaftlichen Risiken und Chancen kommen und zum Ende unserer Betrachtungen eine vorsichtige Bewertung wagen.

Eine marktgängige Gestaltung umfasst vier verschiedene Bausteine:

- den eigentlichen Kaufvertrag über den Miteigentumsanteil;
- die Vereinbarung eines Nießbrauchs nebst Nutzungsentschädigung sowie Regelungen zu deren Anpassung;

---

8 *Böhringer*, BWNotZ, 14. Es sollten auch Regelungen aufgenommen werden für den Fall, dass der Veräußerer die Immobilie verlässt, um bspw. in ein Alters- oder Pflegeheim zu ziehen. (sogen. Wegzugklausel).
9 Zu regeln wäre bei einem Wohnungsrecht für den Veräußerer, ob er die Wohnung vermieten darf (vgl. § 1092 Abs. 1 Satz 2 BGB). Beim Nießbrauch ist dies obsolet. Vgl. Böhringer, a.a.O.
10 Vgl. ausführlich *Holthausen-Dux/Forschner*, DNotZ 2021, 821 ff.; *Böhringer*, BWNotZ 2022, 15 ff.

- eine Miteigentümervereinbarung sowie
- eine Veräußerungsvollmacht bezüglich des nicht veräußerten Miteigentumsanteils.

2. Kaufertrag über einen Miteigentumsanteil am Grundbesitz

Zunächst zum Kaufvertrag: Dieser umfasst – von den Regelungen zur Belastungsvollmacht abgesehen – keinerlei Besonderheiten gegenüber einem „normalen" Kaufvertrag. Insbesondere ist auch hier Voraussetzung für die Kaufpreisfälligkeit, dass die Lastenfreistellung sichergestellt ist. Der Erwerber wird also Eigentümer eines Miteigentumsanteils an einer Immobilie, die in Abt. III lastenfrei ist. Der Notar fordert hierzu die Löschungsunterlagen bei den Gläubigern an. Machen diese Zahlungsauflagen, teilt er diese dem Erwerber mit, der den Kaufpreis in dieser Höhe direkt an die Gläubiger und nur den Restbetrag an den Erwerber zahlt. Der Kaufpreis wird üblicherweise auf Basis eines Gutachtens eines vereidigten Sachverständigen festgelegt.

3. Eigentumsähnlicher Nießbrauch

Ähnlich wie bei der Leibrente und vor allem auch bei der Übertragung im Wege der sog. vorweggenommenen Erbfolge wird auch ein Nießbrauch vereinbart. Marktüblich ist hier der sog. eigentumsähnliche Nießbrauch, bei dem in Abweichung von den gesetzlichen Vorschriften[11] auch die außergewöhnliche Unterhaltung beim Nießbraucher liegt.[12] Das ist sachgerecht, weil während der üblicherweise sehr langen Laufzeit des Nießbrauchs die Nutzungsmöglichkeit auch allein dem Nießbraucher zukommt.

Beim Nießbrauch ergibt sich die erste Besonderheit in der Gestaltung. Durch die Vereinbarung eines Nießbrauchs liegen nicht nur das Recht zum Wohnen, sondern auch das Recht auf Vermietung oder Verpachtung beim Veräußerer.[13] Bei einer geschenkten Immobilie führt dies selten zu veritablen Interessenkonflikten, da hier der Beschenkte salopp gesagt „froh sein kann", überhaupt eine Immobilie zu erhalten. Für den Erwerber

---

11 Vgl. § 1041 S. 2 BGB.
12 Vgl. dazu ausführlich MüKo-BGB/*Pohlmann*, 8. Aufl. 2020, § 1041, Rn. 9 m.w.N.
13 MüKo-BGB/*Pohlmann*, 8. Aufl. 2020, § 1030, Rn. 110 ff.

beim Teilkauf handelt es sich aber nicht nur rechtlich, sondern vor allem auch wirtschaftlich um ein Geschäft. Vermietet der Veräußerer die Immobilie etwa deutlich unter der marktüblichen Miete oder gar zu einem Freundschaftspreis oder halten die Konditionen des Mietvertrags ansonsten keinem Drittvergleich stand (z.B. durch Ausschluss des ordentlichen Kündigungsrechts), wird der Erwerber später große Probleme haben, die Immobilie zu einem adäquaten Kaufpreis zu veräußern.

Der Veräußerer erhält den Nießbrauch zusätzlich zum vollen Kaufpreis; nicht etwa wird der Wert des Nießbrauchs vom Kaufpreis abgezogen. Hier zeigt sich der gänzlich andere Ansatz des Teilkaufs gegenüber dem Leibrentenvertrag: Nicht der Erwerber hat Raten zu zahlen, sondern der Veräußerer, und zwar dafür, dass er den veräußerten ideellen Teil der Immobilie lebenslang nutzen darf. Dies erfolgt in Form einer sog. Nutzungsentschädigung. Wie wird diese bemessen? Es würde eigentlich naheliegen, dass sich diese an der anteiligen Miete für vergleichbare Immobilien orientiert. Damit wäre aber auch immer eine gewisse Unschärfe verbunden: Sollte man sich am unteren oder am oberen Ende des Mietspiegels orientieren? Was wäre mit „Miet"erhöhungen? Üblich ist daher eine Bemessung der Nutzungsentschädigung an den Kreditkosten des Erwerbers. Der Erwerber finanziert seinen Erwerb durch ein – endfälliges – Darlehen und zahlt bis dahin nur Zinsen. Diese Zinsen werden *grosso modo* an den Veräußerer als Nutzungsentschädigung weitergereicht. Das hat für beide Seiten einen erheblichen Vorteil: Der Erwerber hat keine Kreditkosten, der Veräußerer deutlich geringere Kosten als bei einer am ortsüblichen Mietzins orientieren Bemessung. Vor allem aber entfällt anders als beim Leibrentenvertrag weitestgehend das spekulative Element, da der Veräußerer sicher weiß, dass die einmal vereinbarte Nutzungsentschädigung für die Laufzeit des Kreditvertrags des Erwerbers – im Regelfall zehn Jahre – fest vereinbart ist, und zwar unabhängig von der Entwicklung des Wohnungsmarkts, des Mietspiegels oder der allgemeinen wirtschaftlichen Verhältnisse. Danach wird diese auf Grundlage der Zinsentwicklung angepasst, um dann wieder für einen Zeitraum von zehn Jahren fest vereinbart zu sein.

4. Miteigentümervereinbarung

Ein Schwerpunkt der Gestaltung liegt naturgemäß auf der Miteigentümervereinbarung: Jetzt ist der Veräußerer nicht mehr Alleineigentümer der Immobilie, sondern es sitzen bildlich gesprochen zwei Personen im Boot. Daraus ergibt sich mannigfaltiger Regelungsbedarf, der hier nur holzschnittartig nachgezeichnet werden kann.

a) Anzeige von Vermietung und Nutzungsänderung

Aufgrund der wirtschaftlichen Bedürfnisse des Erwerbers muss der Veräußerer dem Erwerber jede Vermietung anzeigen und jede Nutzungsänderung vorab anzeigen. Damit bei Unstimmigkeiten keine Seite die andere mit der Androhung einer Teilungsversteigerung erpressen kann, wird das Recht der Parteien, die Aufhebung der Gemeinschaft zu verlangen, für immer ausgeschlossen (§ 1010 BGB).[14]

b) Instandhaltungsmaßnahmen

Ein weiterer Schwerpunkt der Regelungsbedürftigkeit liegt im Bereich der Instandhaltung, der Lasten und der Investitionsmaßnahmen. Aufgrund der Vereinbarung des eigentumsähnlichen Nießbrauchs ist im Grundsatz klar, dass auch außergewöhnliche Instandhaltungskosten beim Veräußerer als Nießbraucher liegen. Das ist im Grundsatz auch sachgerecht: Denn die Vereinbarung, die Veräußerer und Erwerber treffen, steht ja gerade unter der Prämisse, dass der Veräußerer „sein" Haus wie bisher weiternutzen kann und dafür natürlich auch weiterhin alles bezahlen muss. Derlei Vereinbarungen sind etwa auch im Rahmen der vorweggenommenen Erbfolge völlig üblich, ohne dass irgendjemand daran Anstoß nehmen würde. Bei Teilkäufen könnte man dies jedoch skeptischer sehen, da der Erwerber später vom durch die Sanierung erreichten Wertzuwachs profitiert, ohne hierfür selbst etwas geleistet zu haben. Viele Anbieter von Teilkaufmodellen beteiligen sich daher inzwischen an Aufwertungs- und gewissen Erneuerungsmaßnahmen.[15] Auch an den Kosten der Erneuerung oder des Austausches defekter Anlagen beteiligt sich der Erwerber oftmals einmalig und gedeckelt.

---

14 Zu solchen Regelungen ausführlich MüKo-BGB/*Schmidt*, 8. Aufl. 2020, § 1010, Rn. 1 ff.
15 Marktüblich sind dabei etwa Gestaltungen, bei den sich der Erwerber – gedeckelt und einmalig – z.B. an einer der folgenden Maßnahmen beteiligt: Wärmedämmung, Erneuerung von Fenstern/Türen, Einbau einer Lüftungsanlage, Einbruchschutz.

c) Nutzungsentgelt

Im Rahmen der Miteigentümervereinbarung wird üblicherweise die Dauer der Zahlung des Nutzungsentgelts geregelt. Richtigerweise ist diese nicht an das Bestehen des Nießbrauchs gekoppelt, sondern an die tatsächliche Nutzung des Grundbesitzes. Andernfalls könnte der Veräußerer seinen Nießbrauch von heute auf morgen aufgeben und müsste dann keine Nutzungsentschädigung mehr zahlen, obwohl er noch monatelang im Objekt wohnt.

Erlischt der Nießbrauch, so ist der Veräußerer zur Räumung und Übergabe verpflichtet – es sei denn, der Käufer oder ein von diesem benannter Ankaufsberechtigter übt ein ihm zustehendes Ankaufsrecht aus.[16] Sobald der Nießbrauch erloschen ist, kommt es zur Veräußerung des gesamten Grundbesitzes. Diesen Schritt leitet der Erwerber aufgrund der ihm erteilten Veräußerungsvollmacht ein. Der Erwerber gibt dann ein Verkehrswertgutachten in Auftrag, um den aktuellen Verkehrswert zu ermitteln. Im Interesse des Veräußerers bzw. dessen Erben muss hier geregelt werden, in welchen Fällen der Grundbesitz unter dem Verkehrswert veräußert werden darf. Üblich ist hier ein Stufenmodell.[17]

d) Erlösverteilung

Dreh- und Angelpunkt der Miteigentümervereinbarung ist natürlich die Frage der Erlösverteilung im Falle des Gesamtverkaufs. Auch dieser Punkt könnte bei Teilverkäufen kritisch gesehen werden, weil der Veräußerer bzw. dessen Erben vermeintlich bei der Verteilung des Erlöses übervorteilt werden.[18] In der Tat wird der Erlös entsprechend den marktüblichen Gestaltungen nicht exakt anhand der Miteigentumsanteile verteilt, sondern der Erwerber erhält einen Mindestbetrag. Dem liegt zugrunde, dass der Erwerber nicht nur den Kaufpreis zu zahlen hatte, sondern auch Erwerbsnebenkosten wie Grunderwerbsteuer und Gutachterkosten tragen musste.[19] Diese soll er in jedem Fall wiedererhalten. Dafür geht die Ablösung seines

---

16 Dazu sogleich.
17 Dieses könnte z.B. so aussehen: Zunächst wird der Grundbesitz selbstverständlich mindestens zum vom Gutachter ermittelten Verkehrswert angeboten. Kommt es innerhalb von sechs Monaten nicht zum Kauf, wird der Angebotspreis alle drei Monate um bspw. 5 % reduziert.
18 Vgl. *Holthausen-Dux/Forschner*, DNotZ 2021, 823 ff.
19 So auch *Holthausen-Dux/Forschner*, DNotZ 2021, 823 ff.

Finanzierungsgrundpfandrechts natürlich ausschließlich zu seinen Lasten. Ferner erhält der Erwerber oftmals ein pauschales Durchführungsentgelt, dass eine Vielzahl von Leistungen, die durch den Käufer erbracht wird, pauschal abdeckt.[20] Hierbei geht es um eine Vergütung für die Betreuung des Verkäufers bzw. seiner Erben während der gesamten Laufzeit der Vereinbarung und im Rahmen des Gesamtverkaufs, aber auch für die gesamte Vorbereitung des Grundbesitzes für den Gesamtverkauf, insbesondere die Beauftragung des Sachverständigen, die Beauftragung, Überwachung und Abnahme von etwaigen Instandsetzungs-, Renovierungs- und Räumungsmaßnahmen. Soweit auch die Ermittlung der Erben ansteht, wäre auch diese vom pauschalen Durchführungsentgelt umfasst. Dabei ist es marktüblich, dass die Höhe des Durchführungsentgelts von der Entwicklung des Wertes des Grundbesitzes abhängt.

In welchen Fällen wird der Erlös bei marktüblicher Gestaltung nicht streng anhand der Miteigentumsanteile verteilt? Das ist einerseits der Fall, wenn der Veräußerer den Grundbesitz während der Laufzeit des Vertrags mehr als üblich abnutzt. Stellt ein Gutachter dies fest, geht dies allein zulasten des Veräußerers oder seiner Erben. Andererseits trifft dies zu, wenn der Gesamtverkaufspreis dadurch gemindert wird, dass der Veräußerer den Grundbesitz vermietet, verpachtet oder anderweitig einem Dritten überlassen hat.

e) Ankaufsrecht

Üblicherweise werden in der Miteigentümervereinbarung auch wechselseitige Ankaufsrechte vereinbart:[21] Für den Veräußerer ergibt sich dies ganz zwanglos. Er kann den von ihm veräußerten ideellen Anteil jederzeit zum Marktwert zurückerwerben. Zudem wird ihm das Recht eingeräumt, einen oder mehrere Ankaufsberechtigte einzuräumen, der das Ankaufsrecht nach dem Tode des Veräußerers ausüben kann. Das kann sowohl bereits in der Vereinbarung selbst als auch jederzeit später erfolgen. Marktüblich ist es zudem, dass der Ankaufsberechtigte hinsichtlich des von ihm dereinst zu zahlenden Kaufpreises doppelt profitiert: Zum einen muss er nur den Verkehrswert zahlen, den ein Sachverständiger festgestellt hat,

---

20 Vgl. *Holthausen-Dux/Forschner*, DNotZ 2021, 825.
21 Allgemein zu Ankaufsrechten Schöner/*Stöber*, a.a.O., Rn. 1444 ff.; *Haegele*, Rpfleger 1963, 142 ff.

zum anderen wird oftmals auch die Höhe des Durchführungsentgelts erheblich reduziert.[22]

Aber auch der Käufer hat ein Ankaufsrecht, das er allerdings nicht nach Belieben ausüben kann, sondern nur im Fall der Pflichtverletzung des Erwerbers, sei es, dass dieser gegen das vereinbarte Verfügungsverbot verstößt, sei es, dass dieser in Insolvenz gerät oder dass Zwangsvollstreckungsmaßnahmen in den Grundbesitz ausgebracht werden.

5. Veräußerungsvollmacht

Ergänzt wird die Miteigentümervereinbarung durch eine Veräußerungsvollmacht zugunsten des Erwerbers, durch die der Erwerber den Veräußerer über den Tod hinaus bei der späteren Veräußerung der gesamten Immobilie vertreten kann.[23] Zum Schutz des Veräußerers ist es üblich, die Wirksamkeit auch im Außenverhältnis davon abhängig zu machen, dass der Nießbrauch zugunsten des Veräußerers im Grundbuch gelöscht ist.

6. Rechtliche Besonderheiten

Schauen wir uns nun einige der rechtlichen Knackpunkte der Gestaltung an.

a) „Nachrangiger" Nießbrauch?

Da wäre allen voran das Rangverhältnis der Rechte. Im Regelfall wird der Erwerber seinen Erwerb fremdfinanzieren. Daher stellt sich die Frage, welchen Rang die Grundschuld zugunsten der Bank erhält: den Rang vor dem Nießbrauch zugunsten des Veräußerers oder den Rang nach dem Nießbrauch. Beides ist marktgängig, und beides unterscheidet sich im Ergebnis erstaunlicherweise nicht. Denn die Banken, die auf die erste Rangstelle bestehen, räumen de facto dem Nießbrauch vertraglich den Vorrang

---

22 Das gilt allerdings dann nicht, wenn der Ankaufsberechtigte mit der Immobilie „spekuliert", wenn er diese also zum günstigen Verkehrswert ankauft, um sie kurz danach zu einem deutlich höheren Preis weiterzuverkaufen. In diesem Fall wird das Durchführungsentgelt nachträglich so angepasst, als hätte der Ankaufsberechtigte seinerseits zum Weiterverkaufspreis erworben.
23 Dazu *Holthausen-Dux/Forschner*, DNotZ 2021, 828.

ein. Dies geschieht dadurch, dass der Sicherungszweck der Grundschuld entsprechend eingeschränkt wird, und zwar bereits auf der Ebene der Belastungsvollmacht des Kaufvertrags. So heißt es dort: *„Nach Zahlung des Kaufpreises dürfen die Darlehensgeber die Finanzierungsgrundschulden als Sicherheit nur verwerten, sofern der Verkäufer mit seinem aus dem Nießbrauch folgenden Zahlungspflichten mit einem Betrag in Verzug ist, der mindestens drei Monatsraten entspricht, und der Gläubiger der Zahlungspflicht dem Verkäufer zur Zahlung schriftlich eine Frist von drei Monaten gesetzt und der Verkäufer den Rückstand innerhalb dieser Frist nicht vollständig ausgeglichen hat. Die Finanzierungsgrundschulden sind zu löschen, sobald die Finanzierungsdarlehen gelöscht sind."* Damit wird sichergestellt, dass eine Zwangsvollstreckung nicht möglich ist, solange der Verkäufer als Nießbrauchsberechtigter seinen Verpflichtungen nachkommt. Ein elementarer Unterschied zur erstrangigen Grundschuld ist nicht mehr gegeben. Das sah auch eine Wettbewerbskammer so: Ein Mitbewerber, der einen Teilkauf mit erstrangigem Nießbrauch anbietet, hatte damit geworben, dass diese Gestaltung für den Veräußerer sicherer sei. Dies wurde seitens der Wettbewerbskammer untersagt: Durch die besondere Sicherungsabrede stehe der Veräußerer genauso dar wie bei einem erstrangigen Sicherungsrecht.

b) Weiterverkaufsklausel

Vor allem die Weiterverkaufsklauseln sind bereits Gegenstand einer durchaus nicht ganz unkritischen Würdigung in der Literatur geworden.[24] Um dies besser zu verstehen, sollten diese zunächst in mehrere Einzelregelungen zerlegt werden:

- die Vereinbarung zur Pflicht zum Weiterverkauf;
- die Regelung zur Erlösverteilung;
- die Ermächtigung an den Erwerber, diesen Weiterverkauf im Namen des Veräußerers bzw. dessen Erben abzuwickeln;
- die eigentliche Veräußerungsvollmacht.

Die Pflicht zum Weiterverkauf ist rechtlich unproblematisch: Beide Parteien haben ein elementares Interesse daran, dass das Objekt nach Erlöschen des Nießbrauchs bestmöglich veräußert wird. Der Erwerber selbst will das

---

24 Vgl. *Holthausen-Dux/Forschner*, DNotZ 2021, 826 f.

Objekt im Regelfall nicht selbst nutzen, und dies weiß der Veräußerer auch.[25]

c) *Erlösverteilung*

Sehr viel problematischer ist jedoch die Frage zu beantworten, inwieweit die Regelungen zur Erlösverteilung auf rechtliche – insbesondere AGB-rechtliche – Bedenken stoßen. Hier ist zwischen zwei Elementen zu differenzieren: dem Mindesterlös, der im Regelfall 117 % des ursprünglichen Kaufpreises entspricht, und dem sog. Durchführungsentgelt. Ausgangspunkt der Prüfung ist in beiden Fällen § 307 Abs. 3 BGB: Danach gilt die AGB-Kontrolle für Bestimmungen, durch die von Rechtsvorschriften abweichende oder diese ergänzende Regelungen vereinbart werden. Hier ist vorab festzustellen, dass nach einhelliger Auffassung in Rspr. und Lit. Klauseln, die der unmittelbaren Beschreibung der beiderseitigen Leistung/Gegenleistung dienen, kontrollfest sind: Gemeint ist ein eng begrenzter Bereich von Regelungen, die Art, Umfang und Güte der geschuldeten Leistung festlegen, nicht aber solche, die das Hauptleistungsversprechen einschränken, verändern, ausgestalten oder modifizieren.[26] Dabei bestimmt sich der Leistungsbegriff aus dem Gegenstand des Vertrags. Eine Klausel, die ein vom Vertragspartner zu entrichtendes Entgelt für eine Tätigkeit festlegt, die nicht gegenüber dem Vertragspartner erbracht wird, sondern letztlich der Erfüllung eigener gesetzlicher Pflichten dient oder die im eigenen Interesse entfaltet wird, oder eine Klausel, die im Gewand einer Entgeltklausel Kosten des eigenen Verwaltungsaufwands auf den Vertragspartner abwälzt, unterliegt der Inhaltskontrolle.[27] Das Vorliegen einer Preisnebenabrede wird in Bezug auf den Miteigentumsanteil, der dem Erwerber gehört, in der Lit. in einer dazu vorliegenden Stellungnahme bejaht.[28] Insoweit könne der Erwerber kein pauschales Entgelt beanspruchen, da der Erwerber nur seiner Pflicht zur Weiterveräußerung nachkomme.[29] Ich habe Zweifel, ob diese Einschätzung so richtig ist: Schaut man sich die Leistungen, die durch das Entgelt pauschal abgedeckt werden sollen, einmal

---

25 I.E. auch *Holthausen-Dux/Forschner*, DNotZ 2021, §§ 823 ff.
26 St. Rspr., BGH NJW 2013, 995 (996); NJW 2001, 1934 (1935) mwN; OLG München NJW 2006, 2416 (2417); OLG Köln NJW-RR 2002, 598.
27 BGH NJW 2019, 47; NJW 2017, 1461; NJW 2016, 1875; 2015, 3025; WM 2011, 1241, 1243; 2011, 1329 1331.
28 *Holthausen-Dux/Forschner*, a.a.O., 825.
29 So explizit *Holthausen-Dux/Forschner*, a.a.O., 825.

genauer an, so erkennt man m.E., dass diese zwar der Weiterveräußerung dienen, aber nicht vom Erwerber herrühren, sondern ausschließlich aus der Sphäre der Nießbrauchsberechtigten stammen.

7. Wirtschaftliche Aspekte

Zu den wirtschaftlichen Risiken: Diese werden aus meiner Sicht in der Diskussion unangemessen überbetont. Das überrascht, wenn man den Teilkauf mit dem anerkannten Leibrentenvertrag vergleicht: Das spekulative Element, das ja für den Leibrentenvertrag gerade typisch ist, fehlt beim Teilkauf weitestgehend. Beide Parteien wissen schon bei Abschluss des Vertrags ziemlich genau, wer welche Leistungen wie lange und in welcher Höhe zu erbringen hat. Das einzige echte wirtschaftliche und in der Tat unvorhersehbare Risiko für den Veräußerer liegt in der Anpassung der Nutzungsentschädigung nach zehn Jahren, wenn der Kreditvertrag des Erwerbers ausläuft und dieser einen neuen Kreditvertrag abschließen muss. Aus meiner Sicht ist hier jedoch eine hypothetische Vergleichsbetrachtung anzustellen: Wirtschaftlich – nicht rechtlich – liegt beim Teilkauf eine Kreditaufnahme seitens des Veräußerers vor.[30] Hätte dieser das Darlehen mit zehnjähriger Laufzeit abgeschlossen, so müsste er sich ebenfalls um eine Anschlussfinanzierung kümmern, und zwar naturgemäß zu den zum maßgeblichen Zeitpunkt geltenden Zinsen. Das kritisiert erstaunlicherweise bei Kreditverträgen niemand; hier ist eine zehnjährige Laufzeit üblich und marktgängig.

Kritisiert wird vor allem seitens der Verbraucherzentralen auch, dass das Risiko einer stagnierenden oder sogar negativen Wertentwicklung allein der Veräußerer trägt.[31] Das stimmt natürlich, nur ist ihm das im Regelfall egal. Denn dieses Risiko realisiert sich planmäßig erst, wenn dieser verstorben ist. Zudem wird in den üblichen Gestaltungen vom Notar ausdrücklich auf diesen Umstand hingewiesen.

---

[30] Daher ist der Titel des Beitrags von *Böhringer*, BWNotZ 2022, gut gewählt: „Grundstücksgeschäfte zur Geldbeschaffung im Alter.".

[31] https://www.vzhh.de/themen/bauen-immobilien-energie/immobilie-im-alter/lohnt-es-sich-im-alter-einen-immobilien-teilverkauf-zu-machen 05.09.2022.

IV. Ein Wort zum Schluss

Selten vermischen sich anderweitig rechtliche und wirtschaftliche Aspekte so wie bei Teilverkäufen. Gelegentlich hat man den Eindruck, als ob wirtschaftliche Vorbehalte in rechtlichen Kategorien vorgebracht werden. Es gilt jedoch: Ob sich ein Teilverkauf für den Veräußerer wirtschaftlich lohnt, ist immer eine Frage der individuellen Bewertung. Es ist dabei eine Frage der individuellen Entscheidung, ob ich mir auch die Bequemlichkeit etwas kosten lasse, alles aus einer Hand zu erhalten und mich später um nichts mehr kümmern zu müssen. Wenn ich vom Juridicum aus zum Hauptbahnhof fahre, kann ich zu Fuß gehen, das kostet gar nichts, ich kann für knapp drei EUR mit der Bahn fahren (und zuvor zur Haltestelle laufen), ich kann aber auch für rund sechs EUR mit dem Taxi fahren – das ist alles eine Frage der individuellen Prioritäten. Eines ist es jedenfalls nicht: etwas, um das sich der Notar kümmern sollte oder auch nur könnte. Richtig ist allerdings, dass viele der Teilkauf-Verkäufer Gemeinsamkeiten aufweisen: Viele Veräußerer sind 70 Jahre oder älter, kinderlos, Eigentümer eines Hauses in einer Lage, die man eher nicht als „Eins A Sternchen" bezeichnen würde, mit eher kleiner Rente ausgestattet, aber noch einigermaßen unternehmungslustig. Dass es für diese spezielle Klientel auch ein Angebot gibt, sich den Lebensabend zu versüßen, ist aus meiner Sicht grundsätzlich positiv zu sehen. Unsere Aufgabe als Notare ist es nicht, sie davon abzuhalten, sondern die diesbezüglichen Verträge ausgewogen und rechtssicher zu gestalten.

Autorenverzeichnis

Dr. Leif Böttcher, LL.M. (Miami), ist Notar in Düsseldorf.

Dr. Julius Forschner, LL.M. (Cambridge), ist Notar a.D. und Geschäftsführer des Deutschen Notarinstituts in Würzburg.

Priv.-Doz. Dr. Patrick Meier ist Notar in Bischofsheim i. d. Rhön.

Dr. Klaus Oertel, LL.M. (London), ist Notar in Düsseldorf.

Dr. Johannes Richter, B.A., ist Akademischer Rat a.Z. und Habilitand am Institut für deutsches und internationales Zivilverfahrensrecht der Universität Bonn.

Prof. Dr. Mathias Schmoeckel ist Direktor des Instituts für Deutsche und Rheinische Rechtsgeschichte und Bürgerliches Recht sowie geschäftsführender Vorstand des Rheinischen Instituts für Notarrecht an der Universität Bonn.